谨以此书献给所有不甘于平凡的人们

大其心，容天下之物，虚其心，爱天下之善，平其心，论天下之事，潜其心，观天下之理，定其心，应天下之变。

积极主动，不仅是人生成功的关键秘诀，也是成就优秀和卓越员工的不二法门。

好员工的关键秘诀

做一名积极主动工作的员工

李晓兵 杨瑞枝◎编著

中国言实出版社

图书在版编目(CIP)数据

做一名积极主动工作的员工/李晓兵,杨瑞枝编著.
—北京:中国言实出版社,2010.10
ISBN 978-7-80250-328-1

Ⅰ.①做…
Ⅱ.①李… ②杨…
Ⅲ.①企业—职工—职业道德
Ⅳ.①F272.92

中国版本图书馆 CIP 数据核字(2010)第 158632 号

出版发行 中国言实出版社
地　址:北京市朝阳区北苑路 180 号加利大厦 5 号楼 105 室
邮　编:100101
电　话:64924716(发行部)　64963101(邮　购)
64924880(总编室)　64914138(四编部)
网　址:www.zgyscbs.cn
E-mail:zgyscbs@263.net

经　销 新华书店
印　刷 北京市德美印刷厂
版　次 2011 年 1 月第 1 版　2011 年 1 月第 1 次印刷
规　格 710 毫米×1000 毫米　1/16　15 印张
字　数 200 千字
定　价 29.80 元　ISBN 978-7-80250-328-1/ F・318

前言
Preface

士兵打仗需要积极主动,才能抓住稍纵即逝的战机,打败敌人;商人竞争需要积极主动,才能把握转瞬无踪的商机,赚得财富;人生奋斗更需要积极主动,才能不错过任何机遇,赢得成功!无论是战场、商场还是人生的竞技场,谁先迈出第一步,谁就会先得到机会,先拿到成功的桂冠。

在职场,我们常常会看到,有的人总是一帆风顺,理所当然地升职、加薪,从普通到优秀再到卓越,薪金越来越多,职位越来越高,事业越做越大,直达事业的顶峰;而有的人却一直停滞不前,几十年如一日,没有任何起色。其中的关键正在于:是否积极主动!

上世纪80年代,有一位年轻人非常想出国。尽管他考上了北京一所大学的研究生,但这个学校的出国名额已经用完。由于出国对成绩的要求相当严格,所以有些学校虽然有名额,但是无人能够达标。于是,这位年轻人给北京的每所高校打电话,询问有没有剩余的出国名额。终于有一所学校有剩余的出国名额,他高兴极了,毫不犹豫地想尽办法转学到了这个学校。

但这还不行,出国必须要教育部批准才行,而且时间已经过了审批的日期了。但他没有放弃。他费了好大的劲,打听到教育部主管此事的是一位司长。于是他想了一个主动出击的办法:每天早上7点不到就到教育部门口去站着,见到来上班的那位司长,就热情地打招呼:“司长,您早!”中午司长出来吃饭,他又说:“司长,您出来吃饭?”司长吃完饭回去上班,他又问好:“您吃好饭了?”再到下班的时候,看到司长出来,他再问候一次:“您下班了?”就这样在教育部门口足足站了4天。第1天,司长觉得这人很奇怪;第2天,司长开始关注这个年轻人,怕他有什么偏激行为;第3天,司长又觉得这个年轻人看上去很可怜;第4天,司长忍不住好奇,终于开口问到底有什么事。这位年轻人终于等到了机会,把自己的情况如实说了。第6天,司长告诉他:你可以出国了。

这个小故事有力地说明了主动争取对于我们达到目的的重要意义。积极主动,不仅是人生成功的关键秘诀,也是优秀和卓越的不二法门!要取得人生的成功,就需要自己的积极主动!要获得职场的成功,就需要首先做一名积极主动的员工!

阿尔伯特·哈伯德曾说:“世界会给你以厚报,既有金钱也有荣誉,只要你具备这样一种品质,那就是主动。”

所以,要想在职场有所成就,就要先从做一名积极主动的员工开始。做一名积极主动的员工,就要主动服从,完美执行;主动负责,坚守自己的职责和使命;主动付出,不在乎多做一点;还要主动节俭,追求高效;更要主动合作,敢于竞争,把团队的利益放在首位,一切以团队利益为重,但绝不是不竞争,不发展,而是主动竞争,积极进取,不断前进,不断超越自己也超越平凡,这才是真正的积极主动。

积极主动,是源自内心的一种激情,引领我们热忱满怀地去竞争、去努力、去奋斗;积极主动,是出于心灵的一种态度,激发我们自信、勤奋、努力和负责地去对待生命中的一切;积极主动,也是激发我们潜能的动力之源,它使我们主动思考、积极行动、勇于进取、一往无前、绝不后退。积极主动如同人生的太阳,光芒所及,动力永存,引领我们克服一个又一个困难,抵达一个又一个成功的峰顶,并且一直向着更远的目标、更高的山峰不断攀登,不断超越,不断奋进!

做一名积极主动的员工吧!自动自发,自觉自愿。当你积极主动地去奋发努力时,你会发现,你的业绩一路飙升,你的地位不断提高。老板对你的信任和青睐,同事对你的尊重和敬仰,客户对你的支持和赞赏,生活对你的回赠和奖赏,不约而来,如期而至,而成功就在他们背后,正向你款款而笑。

目 录
Contents

第一章 积极主动，所有卓越员工的成功秘诀

为什么有的人总是一帆风顺，理所当然地升职、加薪，从普通到优秀再到卓越，薪金越来越多，职位越来越高，事业越做越大，直达事业的顶峰；而有的人却一直停滞不前，几十年如一日，没有任何起色呢？这其中的关键只有一个：是否积极主动。积极主动是所有卓越员工的共同秘诀，是获得晋升，取得成功的关键。

1.积极主动是企业对员工的终极期望 /002
2.积极主动也是老板最欣赏的品质 /006
3.率先主动，全力以赴做自己应做的事 /009
4.自觉自愿，主动去做别人不愿做的“苦差事” /011
5.自动自发，主动去做任何需要做的事 /013
6.从现在开始，抛弃消极和被动 /016

第二章 主动服从，没有任何借口

借口是敷衍别人、原谅自己的“挡箭牌”，也是掩饰缺点、推卸责任的“万能器”。积极主动的员工从来不找任何借口，而是千方百计主动找方法；从来不违抗命令，而是绝对服从，并且立即执行，竭尽全力、不折不扣地执行，执行到最好、最有效率、最完美！

1.积极主动从服从开始 /022
2.主动服从,视指令为至尊 /024
3.抛开一切借口,打造高效执行力 /027
4.一分钟也不拖延,立即执行 /029
5.主动想办法,创造性地执行 /032
6.不打任何折扣,完美执行 /034
7.坚决服从,但绝不盲从 /038

第三章 主动负责，坚守自己的职责和使命

积极主动的员工懂得责任至高无上,因为责任关系到安危,关系到成败,关系到存亡,关系到生死……如果没有责任,世界上的任何东西都没有了保障。因而他们勇于承担责任,从不推卸责任,任何时候都坚守自己的职责和使命。

1.责任至高无上 /042
2.你的工作就是你的责任 /046
3.勇于担当,主动承担更多责任 /051
4.敢于负责,绝不推卸任何责任 /053
5.绝不逃避,关键时刻挺身而出 /056
6.坚守职责和使命,做忠诚敬业的负责员工 /059

第四章 主动付出，每天多做一点点

比别人多付出一分就意味着比别人多积累一分资本,意味着比别人多显露一分才华;意味着比别人多闪现一分美德;意味着比别人多创造一次成功的机会。积极主动的员工愿意付出,甘心付出,不怕多加一盎司,因为积极主动的精神已经成为他们的习惯。

1.主动付出,不在乎多加一盎司 /070

2. 甘心奉献,不计较任何得失 /075
3. 倾注热情,点燃工作的熊熊火焰 /078
4. 挥洒汗水,用勤奋敲开成功之门 /083
5. 努力进取,每天多做一点点 /090
6. 享受成功,有付出就一定有回报 /092

第五章 主动竞争，敢于挑战一切

竞争是职场的常态,无时不在,无处不在,因为没有竞争就没有压力,没有竞争就没有动力,竞争使人进步,竞争促进成功。主动竞争,勇于挑战,更能激发自己的潜力,更容易成功。

1. 竞争无时不在,无处不在 /098
2. 有竞争才有压力,有压力就有动力 /099
3. 主动竞争,敢于面对任何困难 /103
4. 勇于挑战,没有什么不可能 /105
5. 要竞争不要嫉妒,嫉妒会让竞争变味 /110

第六章 主动合作，和团队一起成功

现在是一个合作的时代,一个团队的时代,没有人能够独自成功;唱独角戏,当独行侠,早已是过往烟云。只有主动合作、善于合作,运用合力才能更充分地发挥个人的才能,才更容易取得成功。所以,合作不仅是时代对我们的要求,更是一种适应时代的能力,一种体察环境的睿明,更是一种大气磅礴的工作智慧。

1. 团结就是力量,合作才能取胜 /114
2. 主动合作,把自己融入团队 /116
3. 高效合作,打造完美团队 /119
4. 精诚合作,竭尽自己的真诚 /123

5. 摒弃私心,和大家一起分享成功 /127
6. 抛弃个人英雄主义,不做罗宾汉式的“独行侠” /131

第七章 主动思考，不断改进不断创新

勤奋努力工作是好事,但光努力是不够的,还要动脑筋,学会用脑子工作,带着思考去工作,在工作中融入自己的创新智慧,不断改进不断创新,才能把工作做得更好、更完美。

1. 主动思考,让大脑运转起来 /138
2. 用心工作,用心才能做到最好 /139
3. 积极思考,让工作更加出彩 /142
4. 创新致胜,缔造精彩的奇迹 /145
5. 大胆创新,破除所有条条框框 /150
6. 敢想敢做,将想法付诸行动 /156

第八章 主动节约，不浪费一丝一毫

每一个员工的节俭都有助于企业的成长,每一个员工的节俭都会为企业的发展增添一份力量。主动节约的员工明白节约的重要,知道省下的都是赚到的,节约就是增收,所以他们不浪费一丝一毫,从最细微处、最点滴处,用心节约,主动节约。

1. 主动为企业节约,也是为自己谋利 /162
2. 主动节约从杜绝一切浪费开始 /164
3. 想方设法为企业降成本 /168
4. 千方百计为公司节省开支 /172
5. 一心一意为岗位增效益 /173
6. 把节约当成自己的责任 /175

第九章　主动感恩，收获生命的美好

感恩是一种美好的情感，也是生活的智慧，处世的哲学。常怀感恩之心，主动感恩，会让我们珍惜所有的一切，感激所有的一切，收获生命中最美好的一切。

1. 感恩是生活的智慧 /180
2. 让心中充满感恩的阳光 /183
3. 感恩工作，把工作做得更好 /186
4. 感恩公司，与公司共进退 /189
5. 感恩老板，给老板多一些理解和支持 /193
6. 感恩同事，和同事做朋友 /195
7. 感恩客户，全心全意为客户服务 /197
8. 主动感恩，收获生命的美好 /200

第十章　主动提升，超越平凡的自己

古语有言“学如逆水行舟，不进则退”，工作也是一样，职场没有永远的“红人”，只有不断学习，不断进取，主动提升自己的人，才能永立不败，并且不断超越别人，也超越自己。

1. 心怀远大，绝不安于现状 /204
2. 提升能力，让自己不可替代 /206
3. 追求完美，不放过任何细节 /210
4. 主动学习，不断进步 /214
5. 永不停下进取的脚步，超越平凡的自己 /219

附录

测试：你的工作主动吗？ /224

第一章　积极主动，所有卓越员工的成功秘诀

为什么有的人总是一帆风顺，理所当然地升职、加薪，从普通到优秀再到卓越，薪金越来越多，职位越来越高，事业越做越大，直达事业的顶峰；而有的人却一直停滞不前，几十年如一日，没有任何起色呢？这其中的关键只有一个：是否积极主动。积极主动是所有卓越员工的共同秘诀，是获得晋升，取得成功的关键。

1. 积极主动是企业对员工的终极期望

什么样的员工是企业最欢迎的员工？什么样的员工是企业最渴求的员工？什么样的员工是企业最优秀的员工？为什么有的员工一生平庸而有的员工却能从平凡到优秀再到卓越一帆风顺？答案似乎比想象的要简单得多,那就是——积极主动！积极主动不仅是平凡和卓越的分水岭,也是企业对员工的终极期望。

“企业对员工的终极期望”出自美国首席员工激励专家鲍伯·尼尔森在他的《不要只做我告诉你的事》一书中虚拟的一封信。虽然只是一封虚拟的信,但此信一出,却受到全世界老板和员工的共同关注,许多企业老板坦承这封信说出了他们的心声,许多员工都把自动自发、积极主动作为自己行动的准则。全信如下：

亲爱的员工：

我们之所以聘用你,是因为你能满足我们一些紧迫的需求。如果没有你也能顺利满足要求,我们就不必费这个劲了。但是,我们深信需要有一个拥有你那样的技能和经验的人,并且认为你正是帮助我们实现目标的最佳人选。于是,我们给了你这个职位,而你欣然接受了。谢谢！

在你任职期间,你会被要求做许多事情：一般性的职责、特别的任务、团队和个人项目。你会有很多机会超越他人,显示你的优秀,并向我们证明当初聘用你的决定是多么明智。

然而,有一项最重要的职责,或许你的上司永远都会对你秘而不宣,但你自己要始终牢牢地记在心里。那就是企业对你的终极期望——永远做非常需要做的事,而不必等待别人要求你去做。

是的,我们是聘你来工作的,但更重要的,是聘你来为了公司的最大利益,而随时随地思考、运用你的判断力并采取行动的。

如果此后再也没有人向你提及这个原则，千万别误会，以为这是因为它不再重要了或者我们改变了看法。我们有可能是在处理繁忙的日常业务、在应对没有止境的操作变化、在种种争分夺秒的活动中抽不出身来。我们日复一日的工作实践，或许会让你觉得这个原则已不再适用了。但是，不要被这表象所蒙蔽。

一刻都不要忘记企业对你的终极期望。在你和我们的雇佣关系存续期间，让它始终伴随你左右，成为你积极主动工作的一盏指路明灯，时时刻刻鞭策着你思考和行动。

只要你是我们的员工，你就拥有我们的许可：为我们共同的最佳利益而积极主动地行动。

在任何时候，如果你感觉到我们没有做对事情——没有做对我们大家都有益的事情——请明白地说出来。你拥有我们的许可，在必要的时候直言不讳陈述己见，提出你的建议，或是质疑某项行动或决定。

这并不意味着我们必定会认同你的看法，或是必然改变我们现有的做法。但是，我们将始终乐于倾听，在你看来什么将有助于更好地达成我们所追求的成效和目标，并在这一过程中创造一种自助助人的成功经验。

如果你想寻求对既有工作程序的改变，你必须先努力了解既有的工作流程是如何运作的(及其原因)。先努力尝试着在既有的体系下开展工作，但如果你觉得这些体系需要改变，那就毫不犹豫地告诉我们。

对于这封信所表达的主题，欢迎你随时和我以及公司中的其他成员展开讨论，或许我们都将因此更好地实现企业的终极期望。

你的真诚的经理 敬上

又及：像其他许多很好的建议一样，终极期望也是简单不过的常识。但是,不要把听起来简单,等同于做起来简单。请将这一原则铭记在心,并有效地贯彻到你的工作情境中。一旦你明白了终极期望,你就必须在每日的工作中加以实践。再也没有比接受这个挑战,对你获得工作、事业以及人生的成功更至关重要的了。

真的如这位员工激励大师说的一样,终极期望不过是简单不过的常识,但是要真正做到这一点,却并不是一件容易的事。这需要我们每一位员工首先要把这种理念带入工作中去,并且随时随地实践,积极主动地做任何需要你的事情之后,才知道,终极期望对于企业、对于老板以及对于你自己的真正意义。

积极主动的人,会把握自己的人生,掌握主动权,为自己负责,会积极地控制自己的行动和思想,并朝着有利的方向发展;积极主动的人,会和其他人交流想法和意见,自愿承担能向自己的梦想迈进的额外工作;积极主动的人,会判断自己的长处,以及喜欢做些什么,会选择适合自己本性和发展目标的职场环境;积极主动的人,相信自己,激励自己,积极主动地发挥自己的特长,争取表现自己的机会。

我们每个人身上都储藏着未被开发的潜能,积极主动的人,会自己发现和挖掘自己的潜能,知道应该做什么以及什么时间来做。因而他们也就更容易取得事业上的成就,收获人生的甜美。

有一位中国女人,她把源于日本的味千拉面,在中国做出了名堂。

她是做食品贸易的,走南闯北,甚至下到各地农村购买各种土特产、粮油、海产品。10年甘苦,一次偶然的机会让她吃到了味千拉面,她感觉自己抓住了成功的钥匙。她的直觉告诉自己,这个生意有得做。因而她开始积极地和日方谈判,争取把味千拉面在中国发展下去,她对这个有信心。终于,经过她的积极争取,味千拉面在中国站住了脚。而且经过她的大胆创新,味千拉面在中国得到了长足发展。

在味千拉面上海淮海路店，透过玻璃厨房，工业化的煮面过程犹如一条生产线：成箱的拉面从中心厨房送来，每箱里有若干包，每包一碗。每只大锅里放着6个笊篱，拉面放进去后定时，时间一到，笊篱就自动浮出水面了。师傅把面倒入碗里，再盛上统一配送的原料勾兑的骨头汤，然后熟练地撒上完全按比例调好的配菜。这样，一碗味千拉面从入锅到上桌，只需要3分钟。

这个中国女人就是潘慰——味千中国控股有限公司的创始人、主席兼行政总裁。她不无骄傲地说："我们全国所有门店的100个菜品中，每一碗面条，每一份小料的分量、口味都是一模一样的。"

一碗拉面生意能够做到多大？这个有作为的中国女人的回答是90个亿。现在，她领导的味千控股有限公司已成功登陆港股，从而打破了餐饮业不易上市的僵局。

尝过10年甘苦的人，更懂得如何积极进取，如何把握自己的人生，潘慰做到了！

我们需要主动进取、处处实干的人，而且如果每个人都主动实干，那么，就构成一种力量，这力量足以为我们的家庭、我们的企业、我们的国家分忧。不管遇到什么事，就不会等、靠、要，就会闯出一片新的局面；而当我们遭遇困难和瓶颈时，我们也不会只是无力地呻吟，把希望寄托在"雨后自然见彩虹"的思维惯性和惰性之中，就会抢先有所作为。这也就是要求每个人都要有主动精神的原因。我们正身处在一个机会大于挑战的时代，如果具有实干精神，我们就不仅能够应对挑战，更能把握时代赋予我们的机会，而机会是失不再来的。

积极主动的企业家和员工，就是有实干精神和实干特质的人，他们要超越的不是别人，而是自己。他们主动思考，主动寻求创新，在今天看来，他们才是企业进步不可或缺的支柱。

积极主动的人，他们热情高涨，渴望着成为出类拔萃的人；他们会支持你、鼓励你，会让你产生尊敬和敬佩之感。跟着主动的人，多向有主动精神的人看齐，那么你可能更容易获得灵感，受到启发，得到有益的帮助。

不必等待老板的吩咐，主动一些，做任何需要你做的事情，这既是企业对员工的终极期望，也是优秀员工之所以优秀的关键。

2. 积极主动也是老板最欣赏的品质

老板欣赏什么样的员工？当然是品质好、能力强、勇于负责、积极主动、勤奋努力、业绩最棒、效率最高的员工。但老板最欣赏的还是积极主动的员工。因为这样的员工，不仅让老板看到了员工的进取和努力，更让老板看到了企业的未来和前途。

对于老板来说，那些能够准确掌握自己的指令，并主动加上本身的智能和才干，把指令内容做得比预期还要好的人，才是自己真正要找的人。他们主动工作、主动汇报、主动执行、主动思考、主动负责，主动把所有的工作做到最好。当遇到需要他们做的事情的时候，他们不会被动地等着老板交代，不需领导指示，便主动去做，并且出色地完成任务。这样的员工，当然就是老板最喜欢、最欣赏、自然也会最器重的员工。

只有率先主动，才会让老板惊喜地发现你实际做的，比他所期望的更多，你才有机会获得加薪和升迁。积极主动地发现问题、解决问题，而并非等老板来交代督促才做一切，这样会让你对待工作更加积极主动，也让你获得比别人更多的机会。

一家工厂因为发展的需要，从国外引进了 5 台工业用的大车，由老李负责技术维护。老李是一位兢兢业业工作了 20 多年的老技术工人，所以厂领导很放心。

可是还不到半年，这 5 台车就突然坏了，怎么也开动不了，于是老李就带领技术组去找原因，同时也联系了生产该车的外国技术专家。

外国专家简单地看了一下大车的情况，马上得出结论：故障是因为工厂工人操作不当引起的，他们不负责维修。

老李却认为，工人完全是按照说明书进行规范操作的，没有不当之处。于是，他向外国专家提出了自己的看法，但是几个外国专家坚持说是工厂工人的责任。

这让工厂的领导很为难：如果承认是工人操作不当引起的故障，那么厂家就不负责维修，5 台车的维修费用要自己掏，算下来怎么也得 100 多万元。可是如果不承认，因为自己的技术人员不精通这方面的技术，又提不出有力的证据。

就在领导准备咬牙承担这笔巨大的损失时，老李却拦住了领导，他给领导立下"军令状"，一定给工厂拿出证据。他亲自带领几个技术工人，在工厂一待就是几天，用各种检测工具从头开始，一点一点地检查线路。

就在第四天早上，老李在一组线路中发现了问题，这组线路存在的问题足以证明，这 5 台车在生产设计时就存在着严重的问题。

当老李把这组数据放在外国专家面前时，一直趾高气扬的外国专家顿时说不出话来。最后，维修费用由生产厂家全部承担。

老李为工厂立下了头功，领导马上提升他为技术总监。

老板喜欢具有主动率先精神的员工，欣赏自动自发的职员，这已经是一个不争的事实了。自动自发是员工极为珍贵的品质，它促使一个人去做他应该做的事，而不是接到老板的吩咐后，以一种被动的状态，不得已才去做。在他们的眼中，工作不再是件苦差事，而是能够带给自己乐趣，能够实现自己的梦想，能让自己满怀激情，能让自己走向成功快乐享受的过程。

不需要老板交代的人，将会获得更多奖赏。如果只在老板注意时才有好的表现，那么你永远无法将事情做好。如果你对自己的期望比老板对你的期许更高，那么你就无须担心会失去工作。同样，如果你能达到自己设定的最高标准，那么升迁晋级也将指日可待。

在老板的监督下工作是一种压力，尽管也可以完成任务，但是，却难以赢得老板的赏识。那你为什么不选择主动积极的态度呢？被迫与自动自发之间的区别看起来很简单，除了自我感觉之外，结果完全相同——任务是必须完成的。

事实上，每一位老板心中都对员工有一种最强烈的期望，那就是：不要只做我告诉你的事，运用你的判断和努力，为公司的利益和成功，用你的满腔热忱和积极主动的态度，全力以赴做好你该做的事、企业需要你做的事。做到这一点的员工，才是老板最欣赏的员工。

李洁在一家大型建筑公司任设计师，常常要跑工场，看现场，还要为不同的老板修改工程细节，异常辛苦，但她仍主动地去做，毫无怨言。

虽然她是设计部唯一一名女性，但她从不因此逃避强体力的工作。该爬楼梯绝不偷懒，一定坚持到底；该到野外就勇往直前；该去地下车库也是二话不说。她从不感到委屈，反而挺自豪。

有一次，老板安排她为一名客户做一个可行性的设计方案，时间只有3天。这是一件原本难以做好的事情。接到任务后，李洁看完现场，就开始工作了。3天时间里，她都在一种异常兴奋的状态下度过。她食不甘味，寝不安枕，满脑子都想着如何把这个方案弄好。她到处查资料，虚心向别人请教。

3天后，她带着布满血丝的眼睛把设计方案交给了老板，得到了老板的肯定。因做事积极主动、工作认真，现在李洁已经成为公司的红人。老板不但提升了她，还将她的薪水翻了3倍。

后来，老板告诉她："我知道给你的时间很紧，但我们必须尽快把设计方案做出来。如果当初你推辞这个工作，我可能会把你辞掉。你表现得非常出色，我最欣赏你这种工作认真、积极主动的人！"

主动积极的员工的主动积极是发自内心的，不是为了图表现，更不是主动给老板看的“做样子式的主动”，他们的主动是自觉自愿的主动、自为自发的主动，他们的主动不分时间、地点和场合，都是一样的，不管是在公司上班，还是在外地出差，不管是老板在，还是不在，他们都一样地积极主动而不会有丝毫的放松。

如果只有在别人注意下才有好表现，那不是真正的自动自发，充其量是自欺欺人的装样子。因为这样的“主动”只是表面上的，没有深达内心，通过业绩一眼就可以分辨得出——从来没有任何业绩是靠糊弄做出来的。你是真的主动还是假的主动，一看业绩，真假立分。所以，假主动装积极没有用，只有实实在在地努力，自动自发地积极，才能得到老板的欣赏和信任，得到升职和加薪。

3. 率先主动，全力以赴做自己应做的事

企业最需要的就是积极主动工作的员工。一个积极主动的员工无论从事哪种工作，都不需要任何人的管理和监控，就会全力以赴地完成任务。他不需要人要求、强迫就能自觉而且出色地做好自己的工作。这样的员工往往是以专业制胜、奋发向上的员工；是积极主动、充满热情、灵活自信、坚持不懈的员工；是尽职尽责、全力以赴的员工。

任何企业，都需要那些主动寻求任务、主动完成任务、主动创造财富的员工。所以主动就能随时随地准备把握机会，展现超乎要求的工作表现，从而也能为企业创造出最多的效益。

万海清是一家IT公司的销售部经理。一天，他到一家销售公司联系一款最新的打印设备的销售事宜，因为是一款定位为大众化的新品，并且厂家即将开展大规模的广告宣传，为争取更大的市场份额，对经销商的让利幅度也非常大。万海清决定在媒体大量宣传报道之前同一些信誉与关系都比较好的经销商敲定首批的订量。

不巧的是，同他一直保持密切业务关系的那家公司的老板

不在。当他提起即将推出的新品时，一位负责接待他的员工冷冷地说："老板不在！我们可做不了主！"

万海清继续把厂家准备如何做该款产品的宣传，需要经销商如何配合进行渠道开拓的设想向这位接待人员讲解，试图得到理解和回应。但是，令他失望的是，那个接待人员根本不听他的解释，只用非常简单的一句话搪塞："老板不在！"

万海清没有任何办法，只好悻悻地走了出来。

他来到有业务联系的第二家公司。不巧的是，这家公司的老板也不在。虽然很失望，万海清还是想试一试，看能否说服接待他的人。

接待他的是一位新来不久的员工，虽然刚来不久，但对工作特别有热情。当得知万海清是来自一家著名的IT公司的销售经理时，他立即表现出了一个公司员工应有的热情，马上倒了一杯水给万海清，还主动介绍了自己的情况。

万海清向他说明了来意，这名新员工以自己刚刚学到的营销知识，敏锐地感觉到这是一个不错的商机，无论如何不能因为老板不在就让它白白溜走。他马上拿起电话给老板作了汇报，并且说出了自己认为这是一个好的商机的观点，分析了具体的利弊。老板被他说动了，当即点头。他主动要求第二天就为他们公司送货，其他具体事宜等老板回来以后再由老板定夺。

结果很清楚，第二家公司的员工在老板不在的时候，以自己的热情为公司促成了一桩生意，这款产品在当地市场上只有他一家经营，不到一个月就销售了近3000台，为老板净赚了6万多元。而第一家公司的员工在老板不在的时候，因为缺乏责任感和主动精神，丧失了很好的商机，等再要求补货的时候，万海清在极不情愿的情况下为他们加了几件货，但此时他们已经失去了获得厂家促销期的优惠待遇，利润自然大打折扣。

千万不要认为积极主动工作和消极被动地等老板的命令没有太大的

差别。在很多时候就像上面这个案例中的情况一样，一个企业的机会和利润往往就决定于企业里某个员工是不是主动和积极地工作了。也许平常我们去这样两个公司，遇到这样两种不同的态度，我们也没觉得有什么大的影响，但关键时刻，引发的后果却大不相同。所以，作为一名员工，任何时候都更有主动积极的精神和热情主动的态度才行。

那些工作时主动性差的员工，墨守成规、避免犯错，凡事只求忠诚企业规则，领导没让做的事，绝不会插手；而工作时主动性强的员工，则勇于负责，有独立思考能力，必要时会发挥创意，并竭尽所能不遗余力，所以更容易取得成功。

田纳西曼菲斯的克莱伦斯·桑德斯看到人们在当时很流行的自动餐馆排着长长的队伍等候用餐。于是他灵机一动，想把自助的观念应用到杂货业。

桑德斯向管理杂货店的领导说明他的构想，领导告诉他，如果不需要人手包装送货，他就失业了，所以他不能够把时间浪费在愚蠢且不切实际的想法上。桑德斯辞掉工作，开了皮吉利·威吉利商店实践他的构想，结果他赚得了巨大的利润，他也因此成为今天现代化超市的先驱。

工作需要努力和勤奋，更需要一种积极主动、自动自发的精神，需要全力以赴、尽职尽责的态度。只有以这样的态度对待工作，我们才可能获得更多奖赏和回报。

4. 自觉自愿，主动去做别人不愿做的“苦差事”

永远主动找事做，而非等事做，这是衡量一个员工是否主动的重要尺码，也是一个想要成事的员工必备的素质。

在我们的周围，有些工作是每个人都不想做的“讨厌的工作”，大家对这样的“苦差事”都持唯恐避之不及的态度。在这种情况下，如果你主动去做这些没有人愿意做的工作会如何呢？这不但能赢得同事的尊敬，更能够得到老板的认同和赏识。

而且，这些没有人愿意去做的苦差，还是你展露才能、勇气和责任心的大好机会。所以，碰到这样的机会时，绝不要有一丝一毫的勉强，要自觉自愿，主动去争取，要不然，这样的机会也会被别人抢了去。当然，这样做需要有相应的心理准备。因为这一类工作，大都是非常辛苦而且吃力不讨好的，即使你付出了全部的心力，也不一定能达到效果。即便如此，你还是应该勇气百倍地去抓住机会。

如果你唯恐自己吃亏而跟着大家一起推卸，那就等于是自己把机会往外推。

索尼公司创始人盛田昭夫曾经讲过这么一个故事：东京帝国大学的毕业生在索尼公司一直非常受欢迎。有个叫大贺典雄的帝国大学高材生，是一位有才华的青年，他加入索尼公司之后曾多次与盛田昭夫争论，盛田昭夫喜欢这个直言无忌的年轻人，非常器重他。

出人意料的是，后来盛田昭夫居然把大贺典雄下放到了生产一线，给一位普通工人当学徒。这让很多员工迷惑不解，甚至怀疑他得罪了盛田昭夫。有人为大贺典雄感到不平，但大贺典雄只是淡淡一笑，工作照样主动积极，而且经常把那些别的员工躲得远远不愿做的苦事、脏事全包了，没有一句抱怨，更没有半点架子。

一年后，更让人大跌眼镜的事情发生了，还是学徒工的大贺典雄居然被直接提拔为专业产品总经理，员工们百思不得其解。

在一次员工大会上，盛田昭夫为大家揭开了谜团："要担任产品总经理，必须要对产品有绝对清楚的了解，这就是我要把大贺典雄下放到基层的原因。让我高兴的是，大贺典雄在他的岗位上干得不错。然而，让我坚定提拔念头的是——整整一年，他在又累又脏的工作环境下居然没有任何牢骚和抱怨，而且甘之若饴，积极主动，做了许多不该他做的工作，甚至一些苦差。"

人们终于明白了其中的原因，不由报以热烈的掌声。

5 年后，也就是在 34 岁那年，大贺典雄成为了公司董事会的一员，这在因循守旧的日本企业，简直是前所未闻的奇迹。

如果你能够主动接受别人所不愿意接受的工作，并能够从中体会到无穷的乐趣，你就能够克服困难，达到他人所无法达到的境界，获得他人所永远得不到的丰厚回报。

5. 自动自发，主动去做任何需要做的事

主动积极的员工不仅会全力以赴做好自己应做的事，尽职尽责做好本职工作，而且还有一种“见工作就干、不管是分内还是分外；见困难就上、不管老板在还是不在”的主人翁精神，任何时候都主动积极地去做需要做的事，而不会挑三拣四、瞻前顾后，更不会去计较是不是自己的工作，他们的做事标准只有一个——这件事是不是对企业有利的，需要我做的。

2004 年 7 月青岛遭遇了百年不遇的高温，到处充满了热气、湿气、汗水和焦躁的声音……

因为炎热导致空调热卖，青岛最大的家电商店——雅泰超市里海尔商用空调柜台前人头攒动，生意火暴。同时，用电话购买空调的用户也很多。

雅泰超市里电话铃又急促地响起来了。忙碌得满头大汗的工作人员开始并没有发现它的特殊性，因为电话购买空调的用户真是太多了。但是接电话的商用空调直销人员却发现了电话里的另外一个细节：电话里有孩子的哭声。

打电话来的顾客对直销员说：“昨天我和丈夫去看过，就是选购那套 MRV 一拖三，能马上给安装吗？我丈夫不在家，我的孩子热得直哭！”电话里的女主人急切地问。接电话的商用空调直销员刘玉华仿佛看到女主人抱着啼哭的婴儿无助的表情。

“放心吧，半小时之内赶到。”刘玉华放下电话便马上安排提

货，并安排好了上门安装的专业人员。同时，细心的刘玉华又调派了一名女工作人员杨华。

“我去能帮上忙吗？”杨华不解地问。

“能，肯定能。”刘玉华边说边把一个备用书包交给杨华。那个书包是刘玉华自己的，平时里面有许多备用品。杨华拿过来的时候发现包里面还有一盒痱子粉，感觉到很奇怪，但是时间紧急，于是没有多问就与安装人员匆匆上路了。

20 分钟后，他们到达了用户的住处，轻轻敲开了用户家的门。

“你们马上安装吧，真受不了了！”女主人一边擦着汗一边说。屋子太热了，高温使人感到有些窒息。正要工作时，工作人员发现敞着门的卧室里孩子睡着了，于是小声地提醒：“把孩子抱到阳台上去吧，别吵醒他！”

杨华帮着女主人把孩子抱起来，发现孩子后背起了痱子。杨华这时想起刘玉华临来时给她的备用书包，快速打开书包，拿出粉盒。在女主人的帮助下，轻轻地给孩子擦上了痱子粉，剩下的放在了孩子床头。

大概是痱子粉让孩子舒服了许多，安装空调过程中，孩子始终也没被吵醒。

女主人被杨华等工作人员的细致深深打动了：“我本来只是想买一个空调，可是你们却给我带来这么多关照……”女主人语气有些哽咽，说话间眼圈就红了。

那天晚上，女主人家里一片凉爽，在空调和痱子粉的双重保护下，过去晚上一直哭闹不停的孩子也安静了下来，近一个月来，女主人第一次睡上了安稳觉。

不久，痱子粉的故事就传到了楼上的其他 4 家住户的耳中，这 4 家的女主人听了这个故事后都说：我们也要选购海尔空调。

其实，面对同一份工作，有的人认为难，而有的人却可以做得很好，其中的关键就在于你有没有一双善于发现的眼睛，有没有积极主动的精神。

无论如何，应该由你负责的事情，就一定要管住管好；不该你管的事情，则要根据实际情况，主动配合主管人员把事情处理好。特别是当老板不在的时候，更要以公司利益为重，从维护公司利益的目的出发，从拓展公司业务的角度出发，把相关的工作做好。

在一个企业中，因为事务繁忙，总有人员出现空缺的时候，即使人才济济，管理者在分配任务的时候，也可能在某个细节上出现漏洞。这时，更需要有责任心的员工及时查漏补缺，及时补位，这样才能防患于未然，及时、有效地挽回工作中的一些小缺点、小漏洞，做到尽善尽美。

在一次剪彩仪式上，公司邀请了总部五位高层领导前来剪彩，当五位领导被请上台后，项目经理发现台下还有一位相当级别的老领导也来了，于是把这位领导也拉上台，让他一道剪彩。下面的员工看在眼里，急在心里，差一把剪子呀，眼看就要出洋相了。

说时迟，那时快，只见业务员小陈迅速地从大衣口袋里拿出一把剪子递了上去，一字排开，六位领导喜气洋洋地剪完了彩。所有的人皆大欢喜。一位老员工在惊讶之余，顿生敬佩之情，随即问小陈："你怎么知道还会叫一个人上去？"

"如果老总再叫一个，我这边口袋还装着一把呢。""你小子，还真行。"

事后，小陈因为做事细致稳妥，很快就被提拔为总经理办公室助理。事业发展上也有了更多的机遇。

不要怕多做了工作，也不要担心自己的考虑"太周到"，职场最需要的恰恰是这种"周到"。事情再多做一点，想得再周到一点，你的职业形象就会更完美一点，老板对你的欣赏和器重也就会更多一点，你离成功当然会更近一点。

主动是为了给自己增加机会，增加锻炼自己的机会，增加实现自己价值的机会。社会、企业只能给你提供道具，而舞台需要自己搭建，演出需要自己排练，能演出什么精彩的节目，有什么样的收视率决定权在你自己。成功永远奖赏那些能抓住机会、积极主动的人。

某集团打算招聘一位技术主管，在众多求职者中，其中甲先生、乙先生二人在个人的知识、技能和能力方面都很接近。两天之后，正当公司犹豫录用哪一个更合适时，乙先生主动给公司的人力资源部打了一个电话，并寄了一封信过来，信中表达了他对这家集团的向往以及他为什么认为自己是合适的人选，此外还有他已经发表的论文、老师的推荐信和他希望来公司做的课题等。尽管他毕业的学校不是中国最有名的，但他积极主动的自我推销使他最终胜出。

机会来自于主动的争取，消极被动永远不会有机会，就算机会来了，也只能白白溜走。积极主动是一种极其珍贵的素质，它能使你变得更加能干，更受欢迎。

我们经常会发现，那些被认为一夜成名的人，其实在功成名就之前，早已默默无闻地努力了很长一段时间。成功是一种努力的累积，不论何种行业，想攀上顶峰，通常都需要漫长时间的努力和精心的规划，需要自己不断地去努力争取。

如果你想登上成功之梯的最高阶，就要永远保持主动、率先的精神去面对你的工作。即使你面对的是毫无挑战和毫无生趣的工作，如果你能够做到自动自发、主动工作，最后一定能获得回报，取得成功。

6. 从现在开始，抛弃消极和被动

在企业和组织里，总是不乏这样的员工：他们常常认为只要准时上班，按点下班，不迟到，不早退就是完成工作了，就可以心安理得地去领工资了。他们工作被动，主动性差，像“算盘珠子”似的，拨一下动一下，不拨不动，做事时没有用脑思考，从来都不会主动地去找一些事情做，眼睛里面看不到工作，看不到事情，有时甚至上级或者领导交代的工作都敷衍。

拥有这种心态的人，通常是消极被动地等待工作，而不是主动出击。在工作当中，不要被动等待，我们需要的是全面检视自己的工作，看看被动工作是不是已经限制了自己的成长。

微软前副总裁李开复曾说："不要再只是被动地等待别人告诉你应该做什么，而是应该主动地去了解自己要做什么，并且规划它们，然后全力以赴地去完成。想想在今天世界上最成功的那些人，有几个是唯唯诺诺、等人吩咐的人？对待工作，你需要以一个母亲对孩子般那样的责任心和爱心全力投入、不断努力。果真如此，便没有什么目标是不能达到的。"

有兄弟三人，同时在一家公司上班，但他们的薪水并不相同：老大的周薪是350美元，老二的周薪是250美元，而老三的周薪只有200美元。做父亲的感到迷惑不解，便向这家公司的老总询问原因。

老总没做过多的解释，只是说："我现在叫他们三个人做相同的事，你只要在旁边看看他们的表现就可以得到答案了。"

老总先把老三叫来，吩咐道："现在请你去调查停泊在港口的C船，船上皮毛的数量、价格和品质，你都要详细的记录下来，并尽快给我答复。"

老三将工作内容抄录下来之后，就离开了。5分钟后，他告诉老总，他已经用电话询问过了，就这样，一通电话就完成了他的任务。

老总又把老二叫来。在一个小时后，老二回到总经理办公室，一边擦汗一边解释说，他是坐公交车往返的，并且将船上的货物数量、品质等详细报告出来。

最后老总把老大找来，先将老二报告的内容告诉他，然后吩咐他去做详细调查。两个小时后，老大回到公司，除了向总经理作了详尽的报告外，另外又汇报说他已经将船上最有商业价值的货物详细记录了下来，为了方便总经理和货主订契约，他已约货主第二天早上10点到公司来一趟。回程中，他又到其他几家皮毛公司询问了货的品质、价格,并请可以做成买卖的公司负责人明天早上11点到公司来。

在暗地里观察了三人的工作表现后,父亲恍然大悟:"再没有比他们的实际行动更能说明这一切的了。"

主动性是最能体现优秀员工与普通员工差异的地方。积极主动的员工,才是一个能把任何事都做得圆圆满满的员工,才是老板所器重的员工。

但在我们的企业里,很多员工常常要等老板吩咐做什么事、怎么做之后,才开始工作。这样的员工没有半点主观能动性,不仅做不好事,而且也难以获得老板的认同。只有那些在工作的过程中,也只有能够将被动变成主动的员工,才能赢得更多客户的信任,从而进一步扩大自己的业务面,做出更大的业绩。听听王月的故事,你就会明白,主动和被动的差异有多大。

"这是一次我的亲身经历。当时我还在做润滑油销售,负责公司产品在中国的推广。当时知名品牌如埃克森和美孚早已进入中国市场,并且质量、品牌都得到了认同,而我们公司的品牌是新加坡的,在中国无人知晓,中文名字还是我去注册的。打开销售的局面在当时非常困难。"时任某家润滑油企业销售经理的王月说。

"有一次我带着销售小组去了一家地段偏僻的汽车维修厂推销产品。那家维修厂当时使用的润滑油都是埃克森和美孚,维修厂外观破旧但生意很红火。当我向这家维修厂的刘经理介绍我们的产品时,没说几句,他就不耐烦地对我吼道:'你在这里说什么说,你的产品是什么牌子的,我都没听过,有埃克森和美孚好吗?你不要耽误我的时间了。'"王月回忆,当时的情景非常尴尬。

"'刘经理,不知道我可不可以问你一个问题?'他没有拒绝,我就问了一个问题,这个问题就让我争取到了一个客户。我的问题是：‘刘经理，你的工厂外观看起来破破烂烂，所处的地段也不好，你凭什么能让那些宝马奔驰汽车来你这里维修？难道你的工厂从开业时就有这么好的业绩吗？’他一听马上就反驳：‘哪有那么顺利，我们刚开始营业时情况不知道有多糟糕，没有一单生意。后来在这附近发生了一起车祸，多亏我们跑去求人家到我们这里来修，还说修不好就赔台车给他，这样才有了第一个客户。’”

当刘经理被调动起了情绪，王月接着说：“我们的产品是第一次进入中国市场，情况跟你当初一样，都不为人所知，如果你能给我们一次机会，我们也能证明我们的产品，而且，你将是我们最重要的客户。”这种变被动为主动的方式，一下就感动了刘经理，他说：“你明天把润滑油拿过来吧。”

你看，成功并不像我们想象的那样高不可攀，有时只不过需要我们更多一点的主动，就可以争取来了。

被动地等着是不行的，天上不会掉馅饼。我们老家还有一句俗话是：“就算天上掉馅饼了，那也需要你早起才捡得着呀！”意思是真有天上掉的好事，也还得自己去捡回来才行的。

有一位刚毕业的大学生告诉老师说：“我申请了两个工作，其中，我比较喜欢的是那份竞争激烈的工作，但同学们也都在争取那份工作。我现在只好等待，如果那家公司不聘请我，我就到另一家公司去。”

老师很惊讶地问他：“既然你很喜欢第一份工作，为什么你这么被动、只知道等待而不去主动争取呢？”

不要忘了，被动就是弃权。只有主动积极地去争取，才能得到自己想要的。

在微软工作的华人都知道郭蓓菁，一位小巧玲珑、年轻活泼的女孩。见她第一眼时你可能会对她是微软最资深的华人经理之一感到惊讶，但是，如果你跟她的交谈超过一分钟，你就不会有这样的想法了。她讲的每一句话都流露出自信、积极和乐观的精神，卓越的领导力以及严谨的逻辑和思维。

她曾讲过一个发生在她自己身上的故事。

“我18岁从中国移民到美国。到美国6个月后，为了上大学，就参加了SAT考试。那时虽然我的英语口语已经不错，但是文法、词汇和作文还不行。我的SAT数学考了780分(接近满分800分)，但是英语却只考了280分。要知道英语就算交白卷也有200分。你可以想象280分是个多么糟糕的分数。但是我依然自信地申请了加州大学的电机工程系。

“由于我的英语SAT分数太低，我的申请表很可能没被仔细阅读就直接被拒绝了。但是我不服输，我深信如果我被录取，我将会成为一个成功的工程师。于是，我决定‘上诉’。

“我直接写了一封信给加州大学的校长。在信里，我做了自我介绍，自豪地描述了我在理工方面的成就，解释了英语考试成绩不理想的原因，因为我刚到美国六个月，我特别强调了我的学习能力和刻苦精神。最后我说：‘校长女士，如果你录取我，我保证我会成为贵校的骄傲。’

“两天后，校长约见了我。我和她面谈时，她意识到我的英语进步得很快。我向她当面保证我的英语会学得和美国同学一样好。一星期后，加州大学收回成命，决定录取我。”

每一种消极的态度都是一座山，会挡住你通往成功的路；每一个积极的心态都是一把钥匙，能帮你轻松打开成功的大门。很多时候，机会都是我们自己积极主动地争取来的。所以，不要犹豫，从现在开始，抛弃消极和被动，积极起来，消极被动是积极主动的最大障碍。所以，从现在开始，立即行动起来，一分钟也不要拖延，你的成功就在前面！

第二章　主动服从，没有任何借口

借口是敷衍别人、原谅自己的“挡箭牌”，也是掩饰缺点、推卸责任的“万能器”。积极主动的员工从来不找任何借口，而是千方百计主动找方法；从来不违抗命令，而是绝对服从，并且立即执行，竭尽全力、不折不扣地执行，执行到最好、最有效率、最完美！

1. 积极主动从服从开始

说到忠诚和服从,美国的西点军校绝对是模范和榜样。“军人以服从命令为天职”,正是西点之魂。

在西点军校,即使是立场最自由的旁观者,都相信一个观念,那就是“不管叫你做什么都照做不误”,这样的观念就是服从的观念。西点人认为,军人职业必须以服从为第一要义,学不会服从,不养成服从观念,就不能在军队中立足。

服从,就是指个体按照社会或群体的要求,或他人的意志而做出的行为。主要包括服从社会规范,服从组织原则,服从团体利益,服从最终决议,服从领导指令。

威廉·拉尼德对此做了非常生动的描述:“上司的命令,好似大炮发射出的炮弹,在命令面前你无理可言,必须绝对服从。”一位西点上校讲得更为精彩:“我们不过是枪里的一颗子弹,枪就是美国整个社会,枪的扳机由总统和国会来扣动,是他们发射我们。”曾有人说,黑格所以被尼克松看中,就是因为他的服从精神和严守纪律的品格。需要他发表意见的时候,坦而言之,尽其所能;对上司已做了决定的事情,就坚决服从,努力执行,绝不表现自己的小聪明。

巴顿在他的战争回忆录《我所知道的战争》中曾写到这样一个细节:

“我要提拔人时常常把所有的候选人排到一起,给他们提一个我想要他们解决的问题。我说:‘伙计们,我要在仓库后面挖一条战壕,8 英尺长,3 英尺宽,6 英寸深。’我就告诉他们那么多。我有一个有窗户有大节孔的仓库。候选人正在检查工具时,我走进仓库,通过窗户观察他们。我看到伙计们把锹和镐都放到仓库后面的地上。他们休息几分钟后开始议论我为什么要他们挖这么浅的战壕。他们有的说 6 英寸深还不够当火炮掩体。其他人争论说，这样的战壕太热或太冷。如果伙计们是军官，他们会抱怨他们不该干挖战壕这么普通的体力劳动。最后，有个伙计对别人说：'让我们把战壕按要求挖好后离开这里吧。那个老畜生想用战壕干什么都没关系。'"

最后，巴顿写道："那个伙计得到了提拔。我必须挑选不找任何借口地完成任务的人。"

企业虽然不是军队，但企业却同样需要服从。在企业中，如果企业里面思想不统一，每个人都有自己的想法，这就像很多马拉的马车，没有统一的指挥，每匹马都有自己的方向，车或者原地不动，或者在倒退。这就需要有赶车的人，统一群马的方向，群马也要服从指挥，马车才能前进，也才能体现群马的价值。因此，服从对企业、对员工具有重大的意义。每一位员工都必须服从上级的安排，就如同每一个军人都必须服从上司的指挥一样，因为只有服从才是胜利的保证。企业的成败很大程度上就取决于是否完美地贯彻了"服从第一"的理念。

在网站上流传着这样一个故事：一个中国人在日本留学时刷盘子：日本规定盘子必须刷 7 遍，而这个留学生只刷了 5 遍，老板发现以后就问他为什么不刷 7 遍，他说："刷 5 遍就已经干净了，为什么要刷 7 遍？"日本老板说："规定的 7 遍就是 7 遍，没有为什么。"因为没有服从的理念，老板很自然地炒了他的鱿鱼。

没有服从理念的职工不会有好的前途，没有服从理念的公司也是没有发展前途的，两者在市场竞争中一定会失败。所有团队运作的前提条件就是服从，没有服从就没有一切，所以要把服从作为核心理念来看待，老板就是老板，员工就是员工，服从第一。

企业是一个高度分工的组织，一个优秀的员工也必须有服从意识。因为上司的地位、责任使他有权发号施令；同时上司的权威、整体的利益，不允许部属抗令而行。一个团队，如果下属不能无条件地服从上司的命令，那么在达成共同目标时，则可能产生障碍；反之，则能发挥出超强的执行能力,使团队胜人一筹。所谓的创造性、主观能动性等都在服从的基础上成立,否则上司再好的思想也推广不开,也就没有了价值。所以,**积极主动要从服从开始,从没有任何借口的服从开始。**

毕业于西点军校的沃尔玛创始人沃尔顿经常说:“没有服从就没有执行,团队运作的前提条件就是服从。我们要的不是和领导作对的员工,而是服从领导决策,第一时间完成任务的员工。”沃尔玛公司的“无条件服从”是每一位员工都必须奉行的行为准则,员工对上司指派的任务都必须无条件地服从,而不是去寻找借口逃避,哪怕是看起来非常合理的借口。

因此,“服从是员工的天职”这句企业里的警句并非夸张。每个员工在进入一家新的公司后,就必须从零开始,然后要给自己一个定位,明确自己的职责,服从公司分配给你的任务,然后才有勤奋努力、执行创新以及做出效益,好员工永远不会忘记,服从是天职,任何时候服从第一。

2. 主动服从,视指令为至尊

良好的服从精神,是每个员工必备的素质之一,也是企业立于不败之地的第一要务。员工只有学会了服从,勇敢地承担起应有的责任,才能不断提高自己的能力;企业只有在以服从为天职的员工的共同努力下,才能不断创造更辉煌的业绩。

服从,简单地理解,就是遵循指示做事。服从的人必须暂时放弃个人的独立自主,全心全意去遵从企业或组织的价值观念。这对于高度崇尚个性的现代人而言,并不是一件容易的事情。

但是如果是具有主动积极、忠诚敬业品质的员工,不论在任何情况下都会乐于服从,甘心服从,坚决服从,不会找任何借口任何理由,因为他们任何时候都牢记“服从第一”的定律,他们心中有企业,眼中有职责,手中有工作,他们最大的心愿就是做好工作,为了这个目的,让他们做什么都愿意,对服从自然也是乐意的。

具有积极主动精神的员工不是按自己的意志投入到企业工作中，而是服从安排，接受任务，然后再根据企业的安排部署，服从大局，顾全整体，根据需要，把专注工作与灵活变化结合起来，完美地贯彻服从第一的理念。

一个优秀的员工，如果不能无条件地服从领导的命令，就可能与企业的终极目标相悖，并产生障碍，此时越专注可能损失就越大。因为一个不能服从上级策略、计划的专注员工，可能出现由于个人的主观能动性而“乱搞”“瞎忙”，或者成为“个人英雄”，与企业的计划不一致，使整个企业效率低下。

所以，优秀的员工都是以服从为天职，以指令为至尊，乐于服从的。

有一位叫卡特的年轻人，上司让他去一个新的地方开辟市场，那是一个非常偏僻的地方，公司生产的产品在很多人看来要取得销路是十分困难的。因此，在把这个任务分派给卡特之前，上司曾经三次把这个任务交给过公司里其他人，但是都被他们以各种理由推掉了。他们一致认为那个地方没有市场，接受这个任务最终结果将是徒劳无功。上司不得已才委派公认的最忠诚可靠爱岗敬业的卡特上阵。

卡特在得到上司的指示后什么也没有多说，只带着一些公司产品的样品出发了。三个月后，卡特回到了公司，他带回了令人振奋的消息，那里有着巨大的市场。其实，卡特在出发之前，他也认定公司的产品在那里没有销路。但是，由于他坚决的服从意识，他毅然前往，并用尽全力去开拓市场，结果最终取得了成功。

“员工的天职就是服从执行。”这是携刻在美国UBC公司培训室中最醒目的警言。是的，服从就是员工的天职。如果没有以服从为天职的观念，没有视指令为至尊的行动，一个团、一个组织、一个企业就不会有效益，不会有成果，不会有成功。所以，优秀的员工永远是那些不找借口、坚决服从的员工。

有主动服从精神的员工，视指令为至尊，不管任何时候，只要指令下来，就立即去做，而不会找任何借口去拖延，耽误和抱怨。

真正的服从应该是无条件的服从，应该是没有任何借口的服从，只有这样才能产生惊人的力量。

大凡到过西柏坡的人都知道，那里有一个简陋得不能再简陋的中央军委指挥所：一间土坯砌成的房子里，摆着一张满是破洞的长方形桌子，桌上放着一幅军用地图。

在那个战争的年代，毛主席和其他几位中央领导，就是在这世界上最小、最简陋的指挥所里指挥了著名的"三大战役"。据说，当时这里"三个没有、一个只有"——没有雄厚兵力支援前方，没有武器弹药供给前方，没有军饷给养保障前方；只有源源不断的电报，把作战命令下达给前线各路指挥员。那时，各野战军的条件都相当艰苦，但是，一接到中央的指示、命令，没有人叫苦叫难，更没有谈条件、讲价钱的。他们没有士兵就自己去招，没有粮草就自己去征，没有弹药就更要自己想办法。

因为大家忠诚于党中央，所以领导一作出决定、指示和要求，所有的官兵绝对服从，立即执行，绝不会讲条件、不讲价钱、千方百计、认真地贯彻，脚踏实地地去执行。正因为中国人民解放军的绝对服从理念和行动，才让党中央、毛主席的英明决策得到了最有效的执行，从而取得了解放战争的伟大胜利，缔造了一个伟大的新中国。

这就是服从带来的巨大的力量。军队如此，企业又何尝不是如此？只有每一项指令都保证绝对地服从，每一项决策都能得到有效的执行，企业才能真正成为基业常青、不断发展的企业。

对于员工来说，**工作的第一步，就是学会服从，只有服从，才知道工作从哪里开始，怎样去工作，如何出色地完成工作。**所以，员工要树立以服从为天职、视指令为至尊的观念。学会接受命令，执行命令，怀着虔诚和敬仰的心，认真去接受，出色去完成，只有这样领导才会对你信任，才会对你的工作放心，才会大胆地安排你工作，你才有机会得到提升。

所以，做积极主动的员工，一定要抛弃借口，不找任何借口，视指令为至尊，一切以指令为准，接到指令马上执行。

3. 抛开一切借口，打造高效执行力

服从是执行的基础，没有服从就没有执行。故而只有一个不找任何借口、绝对服从的人，才能不找任何借口，高效率地执行。所以，要打造高效的执行力，必须首先抛弃借口。

借口是敷衍别人、原谅自己的“挡箭牌”，是一副掩饰弱点、推卸责任的“万能器”。有多少人把宝贵的时间和精力放在了如何寻找一个合适的借口上，而忘记了自己的职责和责任！寻找借口惟一的“好处”就是把属于自己的过失掩饰掉，把应该自己承担的责任转嫁给社会或他人。借口是拖延的温床。而拖延是一种相当累人的折磨，随着任务完成期限的迫近，工作的压力反而与日俱增，这会让人觉得更加疲倦不堪。**拖延的背后是人的惰性在作怪，而借口是对惰性的纵容。**

任何一个老板都希望拥有具有高效率的执行力不找任何借口，不折不扣完成任务的员工。当老板让你做更多、更重要的工作时，如果你能认真执行，且不找任何借口的话，老板会非常欣赏你，一定对你青睐有加。

无论什么工作，都需要不找任何借口去执行的人。对我们而言，无论做什么事情，都要记住自己的责任，无论在什么样的工作岗位上，都要对自己的工作负责。不要找任何借口来为自己开脱，完美地执行是不需要任何借口的。借口不过是为自己的无能找的一个美丽托辞，或是为自己的过错披一件遮羞的衣服。

有一只猫，总爱寻找借口来掩饰自己的过失。

老鼠逃掉了，它说："我看它太瘦，等以后养肥了再吃不迟。"

到河边捉鱼，被鲤鱼的尾巴打了一下，它说："我不是想捉它——捉它还不容易？我就是要利用它的尾巴来洗洗脸。"

后来，它掉进河里，同伴们打算救它，它说："你们以为我遇到危险了吗？不，我在游泳……"

话没说完，它就沉没了。

"走吧，"同伴们说，"它又在表演潜水了。"

这是一只可怜又可悲的猫，其实世界上有许多人也和它相似，他们自欺欺人，善于为自己的错误寻找借口，结果搬起石头砸了自己的脚，受伤害的总是自己。所有的成功创业者，都是些积极主动的人；所有能够从公司低层一步步爬上高管位置的人，也都是些积极主动的人。在这个世界上，消极被动，总是寻找各种借口的人是没有出头之日的。

不管是一只猫还是一只狗，不管做什么工作，不找借口都是执行力的表现，是对自己负责的表现。不管做什么事情，都要有不找任何借口，不折不扣完成的高执行力，你就一定是成功的员工，老板需要的员工。

麦克本来是一名普通的银行职员，后来受聘于一家大型汽车公司。工作了6个月之后，他想试试是否有提升的机会，于是直接写信向老板杜兰特先生毛遂自荐。老板给他的答复是："任命你负责监督新厂机器设备的安装工作，但不保证加薪。"

麦克没有受过任何工程方面的培训，根本看不懂图纸。但是，他不愿意放弃这次机会。于是他发挥自己的领导才能，自己花钱找到一些专业技术人员完成了安装工作，并且提前一个星期完成。结果，他不仅获得了提升，薪水也增加了10倍。

"我知道你看不懂图纸，"老板后来对他说，"如果你随便找一个理由推掉这项工作，我可能会让你走。我最欣赏你这种工作不找任何借口的人！"

如果麦克起初以看不懂图纸为由，拒绝这项工作，也许便没有后来的千万富翁麦克了。

打造高效执行力，最重要的就是不找借口，就是要体现为接受任务不讲条件，不迟疑、不拖延、不推诿，说了干，定了做，义不容辞、当仁不让敢担当；执行任务坚持坚韧，不虎头蛇尾、时紧时松、抓抓停停，始终自动、自觉、自律，无需监督、无需催促，咬定青山不放松，自始至终抓下去；完成任务追求圆满，对困难与矛盾不畏惧、不退缩，敢于碰硬，敢于攻坚，善于创新，只为成功想办法，不为失败找理由，讲效率、讲质量、讲效果，创造经得起历史、时间检验的业绩。如果干事情、做工作、接任务讲条件、找借口，再好的决策、再好的措施只能是纸上谈兵、空中楼阁，那将丧失机遇，耽误工作，导致一步落后而步步落后，一时被动而时时被动。这对于企业、对于老板、对于员工都是有百害而无一利的。所以，任何时候，都不要找任何借口，要抛开一切借口。

不找借口体现了一个人对自己的职责和使命的态度。一个不找借口的员工，肯定是一个勇于负责的员工。可以说，工作就是不找借口地去执行。“没有任何借口”做事情的人，他们身上所体现出来的是一种服从、诚实的态度，一种负责敬业的精神，一种完美的执行力。

4. 一分钟也不拖延，立即执行

许多人找借口，实质上就是为自己的拖延找个过得去的理由，或是为自己的无能找一张遮羞的布。也就是说找借口的人实际上就是懒惰和无能的人。有能力肯努力的人绝不会找任何借口，更不会拖延哪怕一秒。他们总是接到指令就马上行动，立即执行。这样才最有成效。温水煮青蛙的故事很多人都知道，但也许有很多人还不太明白这个故事对于立即执行的意义。

把青蛙直接扔进沸腾的水中，青蛙的神经刺激反应很快，它会马上跳出来。反过来，如果把青蛙先放进20℃～30℃的温水中，再给水逐渐加热，直到沸腾为止，青蛙则会被活活烫死。水温过高，为了保全性命，青蛙会毫不犹豫地立刻跳出，所以青蛙在第一种情形下安然无恙。但是，如果一开始把青蛙泡在温水中，它会忘乎所以地在水里游来游去，根本就察觉不到水温在变化，神经系统反应也不灵敏，等发现异常时，已经奄奄一息，没有跳离沸水的力量了，只能坐以待毙。

如果没有养成立即执行的习惯，觉得拖一拖也无所谓，我们就会享受在拖延的这段时间悠游，没有任何压迫感，只到水烫火热，才惊觉，却已往一切都迟了，只能如那只青蛙一样葬身于拖延之中。

其实工作中像温水中的青蛙一样的人不在少数。他们养成一种优游的习惯，凡事都愿意拖一拖，不必今天做完的事绝不会在今天做完，即使必须在今天做完的事也能拖就拖，能放就放，没有一点紧迫感，就像那只在温水中自得其乐的青蛙一样，最后不得不接受死亡的结局。

而主动积极的员工则一分钟也不会耽误。行动敏捷、雷厉风行、抓住最好的时机，做出最好的选择，在最短的时间把一切工作做到位，从而使任务完成得圆满，周到而从容，也让自己抓住了成功的机会。**立刻去做、决不拖延，是判断强者和弱者的主要标志；立刻去做、决不拖延，也是判断员工能否完成任务的重要标准。**

19世纪50年代，受旧金山淘金热的影响，年轻的美国小伙子李威·施特劳斯也按捺不住了。他放弃了自己轻松的文职工作，随着两个哥哥来到旧金山。到旧金山不久，他开办了一家百货店。

一天，一位来店里买东西的淘金工人无意中对施特劳斯说："你们的帆布包真的很适合我们，为什么不用帆布做成裤子给我们淘金工人穿呢？我想，那一定比我们现在的棉布工装裤结实耐用多了。"

说者无心，听者有意，施特劳斯经过一整夜地反复思考，决定立即采用这位淘金工人的建议，于是他马上取出一块帆布到裁缝店，做出了第一条帆布工装短裤。这种工装裤诞生以后，果然受到了众多矿工的喜爱。这种工装裤就是现在风靡全球的牛仔裤的前身。

过了些日子，一位从远方来看望施特劳斯的朋友见到工人购买工装裤的情形，向他建议道："我认为，你应该聘请一些有丰富经验的裁缝，先把这种裤子重新设计一番，再投入一些资金，并进行相应的广告宣传，然后把它完全地推向市场。"爽快的施特劳斯又立即接纳了这位朋友的建议，把经过重新设计的工装裤推向了市场。令施特劳斯没有想到的是，这种裤子不但吸引了大批矿工的喜爱，而且受到了年轻人的青睐。

后来，他引进设备，组装生产线，开始大批量地生产这种工装裤——牛仔裤，并利用各种媒体对牛仔裤进行大肆地宣传，甚至还大谈特谈起"牛仔文化"，无孔不入的宣传使牛仔裤广得人心。牛仔裤的市场前景越来越光明、越来越广阔，他的公司因此而获得了蓬勃发展。

工作中，有很多稍纵即逝的机会摆在我们面前，能否抓住这些机会，不仅取决于是否有敏锐的洞察力，是否善于吸纳别人的建议，而且还取决于是否能立刻去做、决不拖延地去付诸行动。应该说，后者更有现实意义。

优秀的员工，应该学会利用时间，做立刻去做、决不拖延的能手。分分秒秒也不耽误。用分计算时间的人比用小时计算时间的人，他的时间要多出59倍；凡事分清轻重缓急，把握优先顺序，以主次分清的办法来统筹时间，用时间解决最急迫的问题，这样会让我们的执行效率大大提高的。

如果你想躲避某项工作，最好的办法就是从这项工作入手，立刻去做、决不拖延，否则，这项工作就像一个恶魔，不断地缠绕着你。

很多事情万事俱备时,苦等东风也不会来,还不如立即去做,一分种也不拖延,然后相机行事,能有更多的胜算!预期会有很多困难,一旦发生,立刻解决!不要把时间浪费在无谓的准备上,工作能治疗一切!决不拖延,立刻忙碌起来吧!与其在思考中等待,不如在行动中向成功迈进!

决不拖延,立刻去做!这句话是一个惊人的自动器,当你感觉到拖沓、空谈等恶习向你靠近时,你需要用它来提醒自己。

5. 主动想办法，创造性地执行

执行是接命令去做,但不是机械死板地做,而是要把它做好做圆满做出色。所以,善于主动执行的员工不会刻板地执行,而会动脑筋会想办法,会创造性地执行。这样的员工,才是真正优秀的员工。

善于创造性执行的员工,往往能在工作中收到事半功倍的效果,使执行的效果远远超出自己和老板的期待。他们不仅能够解决自己工作中的实际问题,有利于激活企业整体的竞争力,为企业的总目标作出贡献,也让自己"增值"。

刚刚毕业的刘吉法被分配到独山子炼油厂的仪表车间实习。车间主任并未因为他是大学生而优待他,他被分配到一个技术要求比较高的仪表修理岗位上一呆就是 10 个月。但刘吉法没有任何怨言,而是积极主动地去工作。很快他便发现学校里学到的知识与实际工作有一定的差距,很多新设备在以前上课的时候听都没听说过,但好学的他并没有放弃这个很好的机会而是下定决心把工作做好。没有课本,他便研究设备说明书,自己反复做实验,并且虚心地向经验丰富的老工人学习。1 年下来,他已经熟悉了各种设备的工艺流程和工作原理,一些常见的设备故障已经难不倒他了。

由于他这种乐于服从和认真执行的态度,他的工作很受上司的赞赏，他被提升为车间副主任。车间的管理工作占去了他很大一部分时间，他没有足够的精力去学习更深的专业知识，去了解新进的仪表设备。

正在他暗暗着急时，1987 年独山子炼油厂要上一套全部要自行设计的新设备。设计院的两位工程师中有一位生病住院了，设计院要在全厂中物色人选。听到这个消息，刘吉法马上找到设计院领导，毛遂自荐要去设计院。

到了设计院，刘吉法需要一切从头做起，领导怎么指示怎么做，不懂就问，主动学习，凡是交给他的任务他都能很好地完成，而且还常常能解决一些难题。由于工作能力突出，刘吉法赢得了领导的信任和同事们的认可，他被任命为独山子乙烯工程指挥部的仪表自动化工程总负责人。

接下来的一段日子，他一方面要负责属于重中之重的乙烯装置，一方面还要抽出时间主抓人员培训、进行技术考核、为工程的开工做技术和人才上的准备。但不管什么事，他都能抓住到位，使整个项目进展很顺利。

1995 年，独山子乙烯厂正式开工投产。开工后，作为分管仪表自动化的副总机械师，刘吉法的工作更忙了，但不管任务多重，工作多难，他都能想方设法地完成。

有一次，厂里的乙烯反应器温度信号发生波动，自控系统失灵，如果不及时排除故障，大型乙烯反应器将停工，后果不堪设想。现场工作人员按常规仔细检查了自控零件和装置，均未发现异常。正当他们心急如焚时，刘吉法闻讯赶来，他具体分析了设备状况，根据长期学习、实践积累的经验，他断定故障是由周围大型电器设备的干扰所致。结果故障很快被排除了。

也正是因为刘吉法这种积极主动去发现问题、解决问题、创造性地执行的精神，1998 年，刘吉法担任了独山子乙烯厂的总动力师、党委委员,开始参与厂领导班子的决策。

找不到方法来解决问题,工作自然是做不好的。而积极主动的员工总会去想办法,去找路子,发掘自己的智慧,创造性地把任务执行到位。所以我们说:没有做不好的工作,只有不会执行的员工。一旦让工作陷入一成不变的模式,就很难激发更多的工作能力。必须有创造性的思路,工作中的障碍才会被踩在脚下。

日本JR电车每碰到下雨天总会在车内广播:“请不要忘了自己的伞。”但后来,有人提出了异议:一成不变的广播词有何意义呢?这个广播无非是要提醒乘客注意,不要将伞遗失在车上。但因为例行公事而了无新意,从而导致乘客听觉“麻木”,丢伞事件在车上仍时有发生。于是,好的想法提出来了,如果在广播中改口说:“目前送到东京车站的遗失物管理处的雨伞已超过300把,请各位注意自己手边的伞。”这样,乘客们一定会洗耳恭听。真的想要提醒乘客不要忘了自己的伞,就应该采取好的广播词,或其他更好的方法。

相信大家都读过“把梳子卖给和尚”的故事。乍一看,这是一个难以完成的工作,有人却可以做出很不错的业绩。原因就在于突破了传统思维的限制,梳子除了用来梳头发还可以做什么呢?可以做纪念品。如果在其上刻上“积善梳”三字,其意义就非同寻常了,根据香客不同的身份赠送不同品种的梳子,市场也就更为广阔了。可见,只要想办法就总会有办法,就可以让看似难以解决的问题迎刃而解,可以让看似难以完成的工作顺利进行。

因此,我们在工作中应当主动想方法,善于创造性地解决问题。

6. 不打任何折扣，完美执行

要想成功执行,不打折扣,就需要把每一个环节做到完美。执行打折,往往表现在不能按规定的质量标准完成工作任务,对于一些看似细小的环节视而不见,马虎应付,把执行的细枝末节都忽略掉,殊不知,一些细小的地方却能影响整个执行的质量。

在日常工作中,很多人会认为,将工作做到60%很危险,会被单位炒鱿鱼,做到100%又太难,好像可望而不可及,所以做到90%就心满意足了。那么,结果会怎样呢?在给出答案之前,先让我们看一道简单的数学题吧:请问90%×90%×90%×90%×90%等于多少?

在开始计算之前,你也许想不到,看起来很不错的90%,经过五次累乘之后,只有不过59%的结果,也就是说,90%×90%×90%×90%×90%≈59%。抛开简单的数学意义,这个式子又说明什么呢?

对于任何一项工作的完成,其过程都是由一个个细微的环节串联而成的,每个环节又都以上一个环节为基础,紧密相关、环环相扣。所有环节完成之后,结果的表现不是百分比的简单相加,而是几个环节的成绩累乘后的结果。如果我们在每个环节都做到了90%,那么,一系列过程结束后,最终带来的结果可能只是59分——一个不及格的分数。这就是执行不到位的结果。

在工作中,如果执行时出现1%的差距,有时候就会导致结果出现100%的差别。企业的产品质量不是100,就是0。没有人会容忍有质量问题的产品,特别是在今天这个社会。100件产品,99件质量过硬,只有1件是次品,也将意味产品将100%失去市场的竞争力。所以,执行一定要到位,要完美,要不折不扣才行。

海尔老总张瑞敏一上任,就觉察到了市场信号,发出号令:“起跑创名牌,冲刺到名牌。”当他发现有76台冰箱不合格时,他不是降价处理,而是扬起铁锤,一台一台砸烂。他知道“不是

100,就是0"的道理,一旦这76台冰箱流入市场,带来的损失就会远远超过76台冰箱的价值,甚至会导致海尔垮台。

砸了冰箱带来的效果非常明显,效应震撼人心:海尔产品100%一流!如今,海尔已是中国家电第一名牌,世界家电前三强。

只有不打折扣地执行,才能保证执行的完美,达到100%,只有当你养成做事有板有眼、纹丝不乱的好习惯,努力追求"0错误"的时候,你在关键时刻才不会出现差错,才能避免因1%的错误而导致100%的失败的结果。

执行打折的第二个原因在于执行者在工作中表现出来的眼高手低。"这是小事一桩,无关紧要";"不要吹毛求疵";"这些鸡毛蒜皮的小事不值得一提"。尤其是当老板不在时,"工作做完就好,不用太过用心"等,都反映出一些人对于工作的漠视。而事实上,执行力强的人善于从小事做起,只有把一件小事做好了,方能成就大事。正如海尔张瑞敏说的那样:"把每一件简单的事情做好,就是不简单;把每一件平凡的事做好,就是不平凡。"海尔从"重锤砸冰箱"到"不许随地大小便",都是在做小事,在强调细节。如果当初张瑞敏对海尔冰箱的质量问题、员工在厂区随地大小便等问题视而不见,不重视、不整顿,海尔可能早已退出商业舞台了。所以要完美执行,员工必须要有100%执行到位的思想。

执行打折的第三个原因就是执行时,不会变通,死守规则,没有用心思考。

作为企业员工,学会很好地执行必须运用智慧。既要埋头拉车,也要抬头看路。既要灵活理解上级决策,又要在工作中灵活执行。不要拘泥于领导决策而死板执行,而要创新上级决策而开拓执行,不为困难找借口,只为问题找方法,执行的目的只有一个,那就是更快更好地完成工作和创造效益。工作中遇到实际的突发的困难在所难免,但是变通思维能让我们产生超常的构思,提出不同凡响的新思想、新观点,最后顺利而且有效地解决问题。

在美国底特律的汽车行业，有一个出色的主管，他十分热爱自己的工作，他的能力也很棒，但有一个问题，就是与上司的关系处理得不好。

最后闹得水火不容，他决定跳槽，离开那个上司。于是他就把自己的资料送到猎头公司，请他们为自己另找工作。

回到家里，他把跳槽的事告诉了太太，太太不解地问："一定要通过这种方式来解决吗？"

"当然，不过你放心，亲爱的，我很快就会找到新的工作。"这个主管对太太自信地说。

他的太太想了想，对老公说："不对，这并不是解决问题的好办法。你想想，解决这个问题的根本是你与他分开。既然是只要你和他分开就可以，那么，不一定是你走，他走也行。"于是，他们将解决问题的方式颠倒过来，他们又为他的上司准备了一套资料，送到了猎头公司。过了不久，上司接到一个电话，请他去别的公司高就。想不到的是，上司也厌倦了他目前的工作，而且新工作待遇更好，他考虑一下后，就欣然接受了这份新的工作。上司很好奇，就问猎头公司的人："你们怎么知道我的信息的啊？"再一打听，原来是自己的下属为自己找的这么好的机遇。上司想，自己走后，位置就空下来了，想想以前跟这个下属的关系，心里也过意不去，想着这个人能力不错，就向高层推荐了他。

于是，这个主管没有离开原来的公司，就解决了与同事之间的矛盾，更重要的是还加官晋级。

执行不仅要求我们要有较强的行动力，还要有较强的思考能力和创造力。如果你能够在执行任务的过程中充分发挥自己正确的思考能力和创造能力，积极地寻找解决问题的办法，执行得不折不扣，那么你就会把任务完成的十全十美。

7. 坚决服从，但绝不盲从

服从是忠诚的一种表现，但服从一定不要变成盲从。如果作为员工把服从变成了盲从，忠诚也就成了愚忠，那不仅不能体现忠诚和服从的本来价值，反而会对国家、对组织、对企业也对个人带来巨大的损失。但是，我们却不得不承认，生活中盲从的例子比比皆是。

丰子恺先生曾在一篇杂文里写道：有一回我画一个人牵两只羊，画了两根绳子。有一位先生教我：绳子只要画一根。牵了一只羊，后面的都会跟来。丰先生才恍然大悟自己阅历太少，因为据他观察，事实确实如此——根本不用每只羊都拴绳子，只要拉着头羊走，后面的羊全都会毫不犹豫跟来的。这样的场景我们也常常会看到：前头牵了一只羊，后面数十只羊都会跟去。如果头羊带着跳下山沟，后面的羊也会跟着往山沟里跳。甚至前面的羊就算走向屠场，也没有一只羊肯离群而另觅生路的。还有鸭也如此。赶鸭的人把数百只鸭放在河里，不需用绳子系住，群鸭自能互相追随，聚在一块。上岸的时候，赶鸭的人只要赶上一两只，其余的都会跟了上岸。即使在四通八达的港口，也没有一只鸭肯离群而走自己的路的。到底要去哪里，却没有谁知道，反正就跟着前面的走，无头无脑，这不是盲从是什么？

仔细想想，作为高级动物的人，又何尝没有这样的盲从时候？许多人每天急匆匆地跟在一件事的后面，跟在一些人后面，却不管这个人走得的路对不对，应不应当跟着走，反而美其名曰“随大流”，最可怕的是，有时我们盲从到愚顽的地步，眼看着跟着别人一步步走向了人生的绝境，有人在一旁暗示，哪曾料想，跟风走的人却脖子一挺，说道：天塌大家死，我怕什么？

这样的盲从心理显然是很可悲的。

服从是美德，但是知道什么时候该服从，什么时候不该服从则需要智慧。在企业中，有的员工出于对上司的敬畏，接到任务时会满口应允，其实自己头脑里还是乱糟糟一团。不要因为害怕被说成是找借口就不敢提出疑问，因为疑问终究是疑问，不去试着弄清楚它自己永远都不会搞清楚。而且一般的上司也是不会介意你去询问的，只要你的方法得当。所以，有问题时要及时提出来，如果因为你的疑虑而纠正的错误对公司至关重要，上司不仅不会责骂你，还会奖励你。但是如果你有疑虑而放在心里不说出来，只是简单地服从上司的指示，反而会害了公司也害了自己。

菲菲在一家销售公司做文员，在快到春节的时候，按照公司的习惯，老板交给她一大堆名片，并亲自挑选了很多精美的明信片要她按照名片上的地址逐一打印并寄出。在接过名片后，菲菲看到名片上客户的地址有的已经改变，而有的则和公司已经没有了往来。她本想提醒老板，但转念一想老板会不会误会自己怕麻烦，又想既然是老板亲自挑出来的，即使错了也不关自己的事。于是便没有请示汇报，不问对错地将明信片打印出来。两天后，当菲菲把已经打印好的明信片交给老板过目时，老板却大声指责她将一些已经没有业务往来的客户错误地打印在了“最精美”的明信片上。当时菲菲觉得非常委屈，但她却不知道该说什么，只能是打掉牙自己往肚里吞。

菲菲的错误就在于当她发现问题时没有及时与上司沟通，而是选择了无条件的服从，结果却害了自己，也无形中浪费了企业的资源。

积极主动的员工绝对不会发生这样的问题，因为他们并不是机械地接受和执行，而是带着思考工作。他们接到企业的指派时，总是先动脑筋，将事情考虑到位，把所有疑虑都提出来，然后再开始完美地执行。为了领会上司的意图，员工接受上司的指示或者吩咐的时候有必要再弄清楚些。不要他说了什么，就自以为是地认为完全理解了，或害怕上司的不满而不敢多发言。首先应明白这项工作在整体工作当中处于什么样的地位，也应该明白上司正处于什么样的需求和心理状态,同时应该根据他一贯的思想意图和工作作风来完整地理解,把问题说清楚,当然不是找借口。

服从比什么都重要。服从就是负责,既然如此你就要知道服从不是盲从,在服从的时候要对公司的整体利益和领导个人负责,也就是说只服从老板明智的指示。

要知道老板也是凡人,不是神,他也是会犯错误的。假如你只是一味地服从而不知道其中的负责,那么你将是一个跟屁虫,永远没有主见。你要把握好这样的一个尺度,才能在老板跟前站稳脚跟。

像上个世纪 70 年代末 80 年代初关于真理标准的讨论就是很好的例子。当时有很多的人坚持“两个凡是”,一切以毛泽东的思想和语录为标准。可是事实上检验真理的惟一标准就是实践。

对的就是对的,错的就是错的,该服从的坚决服从,该坚持的必须坚持,哪怕最后老板压根就不听你的意见。在服从的时候,在尊重老板权威的时候还要注意对老板负责。惟有长时间如此你才能得到老板的信任,使老板委你以重任,让你独当一面。假如你只是不动脑子,一味接受指示、一味的执行,不分对错,一时盲从,虽会得到忠诚的评价,但最终,你会为你的盲目服从,为你的愚昧忠诚付出代价。所以,我们要坚决服从,但绝不能盲从。

第三章　主动负责，坚守自己的职责和使命

积极主动的员工懂得责任至高无上，因为责任关系到安危，关系到成败，关系到存亡，关系到生死……如果没有责任，世界上的任何东西都没有了保障。因而他们勇于承担责任，从不推卸责任，任何时候都坚守自己的职责和使命。

1. 责任至高无上

责任至高无上。因为失却了责任，我们就会失去自由，失去公正，失去安全，甚至失去生命、失去一切。

哲学家和思想家的伟大，就在于他们能把大家都明白却无法说清楚的事物看得清清楚楚，说得明明白白。关于责任，美国伟大的思想家爱默生说：“**责任具有至高无上的价值，它是一种伟大的品格，在所有价值中它处于最高的位置**。”英国哲学家科尔顿则说：“人生中只有一种追求，一种至高无上的追求，就是对责任的追求。”

事实就是如此——责任至高无上。因为责任关系到安危，关系到成败，关系到存亡，关系到生死，关系到大千世界一切的一切……如果没有了责任，这世上的任何东西也就没有了保障。

每天，我们眼中看到的是社会按部就班，人们有条不紊，秩序井然，一片祥和，就像日升日落这样自然，但这一切都是建立在每一个人都坚守了自己的责任之上的，都是因为每一个人都尽职尽责地站好了自己的那一班岗。不能想象，如果缺失了责任，我们这个世界会是什么样？

2005 年 12 月 25 日夜，重庆市开县高桥镇，中国石油天然气集团公司西南油气田分公司川东北气矿罗家 16 号井在起钻时，突然发生井喷，富含硫化氢的气体从钻井喷出达 30 米高，失控的有毒气体随空气迅速扩散，导致在短时间内发生了大面积的灾害。井喷事故波及 28 个村庄，其中最严重的是高桥镇的两个村。重庆的山区道路崎岖、泥泞，通讯落后，事故发生后，一些村民来不及逃离就被毒气夺去了生命，有的倒在了逃离的路途上。这次事故共造成 245 人死亡、4000 人受伤、近 9 万人受灾的恶劣后果。

经过相关调查，发现事故原因如下：

——有关人员对罗家16号井的特高出气量估计不足；

——高含硫高产天然气水平井的钻井工艺不成熟；

——在起钻前，钻井液循环时间严重不够；

——在起钻过程中违章操作，钻井液灌注不符合规定；

——未能及时发现事故征兆；

——有关人员违章卸掉钻木上的回压阀，是导致井喷失控的直接原因；

——没有及时采取井喷管线点火，大量含有高浓度废硫化氢的天然气喷出散开，最终导致近9万人受灾的严重后果。

惨痛教训触目惊心！就是因为有关岗位上的人员玩忽职守，没有尽职尽责地做好自己的工作，才最终酿成了重大伤亡事故。

漠视责任，忽视责任，玩忽职守，缺乏责任感，不仅会给别人、给企业、给社会带来危害，对自己也会带来不可挽回的严重后果。重庆开县井喷事故中的主要责任人都承担了相应的刑事责任。

放弃了自己对社会的责任，或者蔑视自身的责任，就意味着放弃了自身在这个社会中更好生存和发展机会。相反，如果勇于承担了责任，任何时候都坚守住自己的责任，负起自己的责任，就会为社会、为企业、也为自己带来发展的机会。

一位女中专毕业生，当时在上卫校的时候，胆子最小，而且体质又弱，就像林黛玉一样。可是过了十几年以后，谁也没有想到，她竟然成了一名经常和尸体打交道的解剖学老师。她以前的同学问她何以如此，她的回答却很简单："总得有人去干，学生还需要人教呢！"为了这种责任，她早已发生了蜕变。也让她在责任中找到了人生的方向。

人间有多少忠于职守、重视责任的人们：那些明知时刻都有生命危险的干警们，那些明知要吸收放射线物质的大夫们，以及那些成年累月在深山老林里的地质队员们……难道他们只是为了个人的利益，才去选择做那种工作的吗？不是，因为他们有支撑着他们的行为和信仰的责任感，就像一根最坚实的柱石，做他们坚强的后盾。

责任是人一生中最沉重、最有分量，也是最有价值的东西，只有真正大气的人才能承受。毛泽东曾对党员的责任，有过一个通俗的解释，他说："共产党员的责任是什么？就是党赋予他们历史使命的责任重托，人民寄予期望的责任重托，就是要把中国革命事业的责任感摆在首位。"

有一次，一个士兵给拿破仑送信。尽管敌人在前面设有重重关卡，而且他的腿又受了伤，但是，他中途硬是没有休息，三天三夜滴水未沾，加快速度提前把信送到了拿破仑的手中。当赶到拿破仑面前时，由于过度的劳累，士兵骑的马跌倒在地，一命呜呼了，士兵也晕倒在了地上。当他醒来后，就立即把信交到了拿破仑的手中，拿破仑看完后又起草了一封信，并让他转送回去，并吩咐他骑上自己的战马，快速把信送到。

当士兵看到那匹装饰得无比华丽的骏马时，他便对拿破仑说："将军，这样不行，我只是一个普通的士兵，实在不配骑这匹华丽而又强壮的骏马。"

拿破仑却回答他道："世界上没有一样东西，是充满责任感的法兰西战士不配享有的。从此以后，这匹骏马就永远属于你了。"最后，拿破仑还是坚持把自己那匹心爱的坐骑，送给了这名士兵。这位士兵骑上骏马，在众人尊敬的目光下，又一次出发了。

一名士兵既然都可以用自己的生命去坚守自己的职责，同样，一名负责任的员工也应当时刻牢记自己的责任。无论何时都要提醒自己：责任至高无上，不要忘记和懈怠自己的责任。**责任可以给一个人带来至高无上的尊严和荣誉。**有很多人曾自以为自己的地位低微，所有的成就都不属于自己，种种荣誉自己也不能得到。正是在这种观念的驱动下，才令他们失掉了本应有的责任感。

责任至高无上，一个人无论职务大小、地位高低，不管从事什么工作，只要你还在自己的岗位上，就应该安下心来，认真负责地完成这项工作，任何时候都牢记自己的责任，承担自己的责任，并且尽职尽责、尽心尽力地站好自己的那一班岗，一定可以赢得荣誉，获得成功。有很多人总以为自己地位低微，种种成就都不会属于自己，种种荣誉自己也不能享有。但实际上，荣誉和成功青睐每一个认真负责忠诚敬业的人，哪怕是一个清洁工，一个锅炉工，一个邮递员。只要坚守自己的责任，再平凡的岗位和再普通的工作也一样赢得尊重，获得成功。

当伊利的董事长兼总裁潘刚，在危机之中掌控伊利奶业轮舵，并通过两年多的时间，将伊利重新打造成一个富有竞争力的企业时，记者问他："在短短的两年中，是什么让伊利从崩溃的边缘走了出来，还令品牌的价值得到了很大的提升，伊利品牌建设的最大秘密是什么？"潘刚只是轻轻而坚定地说了两个字："责任。"

无独有偶，在 20 世纪 90 年代初的美国，也有类似有趣的一幕：

当时，IBM 面临着空前的困境，机构设置臃肿、人浮于事，造成产品滞销，亏损非常严重。董事会经考虑研究决定，外聘高手用以解决难题，经过猎头公司的推荐，董事会最终相中了咨询顾问出身、曾经在两家大型公司担任过 CEO、现已赋闲在家的郭士纳。猎头公司的高级官员、IBM 的董事，分别找到郭士纳，希望他能够出任 IBM 的 CEO。郭士纳在此之前从没有管理过任何与计算机同类或相近的企业，而且通过与朋友交流，他也了解到了 IBM 目前的处境非常艰难。有位朋友劝他"IBM 已经是一头即将倒下的大象，你可千万别毁自己的一世英名"。郭士纳经过思考再三，觉得自己也没有管理计算机类公司的经验，于是拒绝了这份邀请！后来，IBM 创始人之一的小沃尔森，也与郭士纳进行了面对面的交流，表露了邀请他出山的愿望，可郭士纳还是觉得把握不大，婉言谢绝了！

郭士纳自以为这件事就这样过去了。有一天，他被邀请去参加总统克林顿的私人宴会，在宴会进行中，克林顿来到郭士纳的身边，问起了他关于 IBM 的问题。当郭士纳表示已经拒绝了他们邀请的时候，克林顿只是说了一句意味深长的话："IBM 是美国的 IBM，代表着美国！希望您能够重新考虑！因为 IBM 需要你！你有责任让它重新辉煌起来！"

郭士纳被这句话激起了内心深处的责任，将个人可能的得失全放在了脑后，一种振兴美国科技巨头的责任感，让他接过了 IBM 董事会送来的聘书！而且，正是在高度的责任感的驱使下，郭士纳带领 IBM 走出了困境，重现了昔日的辉煌，郭士纳也得到了所有人的赞赏和尊敬。

责任至高无上。责任是一个人品格和能力的承载，是一个人走向成功必不可少的素养，**承担责任既是一种崇高的职业道德，也是一种高尚的人格精神。**所有成功的人，都是具有高度责任感的人。聪明、才智、学识、机缘等固然是促成一个人成功的必要因素，但缺乏了责任感，没有人可以取得成功。

2. 你的工作就是你的责任

正如蜜蜂的天职是采花酿蜜，猫的天职是抓捕老鼠，蜘蛛的天职是张网捕虫，而狗的天职就是忠诚于主人一样，大自然似乎对每个物种都有了职责上的安排。人，作为万物的灵长、天地之精英，同样具有自己与生俱来的职责和功能。人来到世上，并不是为了享受，而是为了完成自己的使命和职责，它伴随着每一个生命的始终。

为人父母肩负的是养育孩子的责任，为人子女则必须承担起赡养父母的责任；当农民的要负起播种的责任；当教师的就必然要承担起教书育人的责任；当一名工人你就要负起自己的岗位责任……

每一个人都有每个人的责任，每一份工作也有一份工作的责任。世界上没有不需要承担责任的人，更没有不需要承担责任的工作。从来没有！

你的工作就是你的责任，你就要负起一份责任，这无可推卸，更不能逃避。它随时提醒我们，这就是我们的责任，我们必须要敢于承担，勇于负责。而这种高度的责任感不仅使我们的工作更积极主动，也让我们在负责中成长为优秀而卓越的员工。

范进卯复员后被安排到北京液化石油气公司赵公口供应站当燃气用具维修工。他是一个高度负责的人。他的足迹遍及大半个北京城。用户找他帮忙，一张纸条、一个电话，甚至一句捎来的话，范进卯就带上工具去了。安装热水器，要带上包括工作台、压力钳等上百斤的工具，范进卯一辆自行车前后到处披挂。北京的新住宅多，有些地方很不好找，很多时候，范进卯花在路上的时间比维修的时间还长。就这样，十几年下来，范进卯为群众修理、安装燃气灶具上万台。

随着技术的进步，市场上出现了很多新型的、高级的灶具和热水器。为了跟上需要，范进卯就哄着妻子自己家先买。妻子和女儿还觉得挺美的，哪知道范进卯的真正意图是拿自己家的东西练手。一次，范进卯趁妻子和女儿不在家，把一台新热水器大拆大卸，再组装起来。没想到装好一试火，火苗从观察口往外喷，连里面的焊锡都烧化了，好好的热水器烧得一塌糊涂。那时，范进卯家不富裕，几百元钱的热水器算得上家里的宝贝了，平日里对范进卯百依百顺的妻子也忍不住跟他发了火儿。

范进卯的维修技术水平也正是靠这种热情和投入练出来的。

天桥地区成立北京第一家邻里互助协会，范进卯被5万多居民选为协会的理事。在协会成立大会上，范进卯保证“随叫随到，不要报酬，不吃请。保证我所在居委会不发生液化气火灾事故。”

街道成立了“范进卯维修中心”，范进卯明确表示，只要是政府照顾对象，维修都不收费。与此同时，有不少搞维修的在他们的街道贴小广告，有人就担心范进卯对很多用户不收钱，又有这么多竞争者抢活儿干，他会不会赔。事实证明，范进卯的维修中心不仅实现了盈利，还相继成立了好几家分部。

范进卯说：“凭自己的手艺给人解决困难了，人家感谢咱们，说实在的，比收了钱还高兴呢，这真是一种享受。你看做宣传、做广告那些要花钱，这个比做宣传、做广告要强的多……市场经济条件下更需要雷锋精神，把它对立起来是不对的。我们做好事，就不给小广告空间，为人民服务的路真是越走越宽。”

范进卯是个极普通的人，但凡是认识范进卯的人，不管职务高低、岁数大小，都管范进卯叫“范大哥”。这一声“范大哥”，饱含了深厚的尊重和敬仰之情。也就是对他工作负责的由衷肯定。

责任，是我们从降生时就带来的一种与生俱来的使命。只有那些能够勇于承担责任的人，才有可能被赋予更多的使命，才有资格获得更大的荣誉。

害怕承担责任的人是永远不可能担当重任的。正如第二次世界大战三巨头之一、英国首相丘吉尔所说的那样：**“伟大的代价就是责任。”**多一分责任感，就多一分回报，拥有100%的责任意识，就会踏上100%的成功之旅。

全国劳动模范、山东省青岛港前湾集装箱码头有限责任公司高级固机部经理许振超，以“干就干一流，争就争第一”的精神，立足本职，务实创新，干一行，爱一行，精一行。他自学成才，苦练技术,练就了"一钩准"、"一钩净"、"无声响操作"等绝活,并模范地带出了"王啸飞燕"、"显新穿针"、"刘洋神绳"等一大批具有社会影响的工作品牌,先后六次打破集装箱装卸世界纪录,使"振超效率"令世人赞叹,将"振超精神"名扬四海。"10 小时保班"服务品牌为顾客提供了超值服务,吸引了全球各大船运公司纷纷在青岛港上航线、换大船,2007 年青岛港全港吞吐量达到 2.65亿吨,集装箱达到 940.2 万标准箱,首次实现一年 4000 万吨的新跨越。许振超积极参与建设节约型社会,多方试验在冷藏集装箱上加装节电器,仅 2005 年就节约电费 600 万元,自 2006 年以来,他领衔组织实施了轮胎吊"油改电"技术改造,填补了这一技术的国际空白,年节约资金 3000 万元以上,噪音和尾气污染大为降低。许振超在平凡的岗位上,以自己 100%的责任感,创造了世界一流的奇迹,也为自己带来了事业的辉煌和人生的成功。

工作就意味着责任,一份工作就必须要承担一份责任,勇于负责是一个职员最基本的道德素质。在这个世界上,没有不需要承担责任的工作,也没有不需要完成任务的岗位。你得到了一份工作,你就必须承担起一份责任,这无可推卸,更不能逃避。如果放弃了责任,也就等于放弃了工作的权利。

一家大型公司裁员,杰莉和露茜都不幸上了解雇名单,被通知一个月之后离职。两个人都在公司待了近 10 年。杰莉回家后。一整夜没有睡着,第二天更是十分气愤,逢人就大吐冤情:"我在公司待了这么多年,平时兢兢业业,没有功劳也有苦劳,凭什么解雇我呢?刚开始的时候,其他同事出于同情,还会安慰她几句,可杰莉老是唠唠叨叨,就让人烦了。尤其是她含沙射影,仿佛自己被人陷害了似的。看谁都不顺眼,对谁都没有好脸色。闹得大家都怕碰到她,见她来了就远远躲开或绕道而行。杰莉还把气发泄在工作上："反正我在这儿只有一个月了，干好干坏一样，不如干坏一点，让陷害我的人遭受损失，让老板遭受损失。"结果，她的工作做得相当糟糕。

露茜看到自己的名字上了解雇名单后，也难过了一晚上，但她的态度和杰莉截然不同："既然只有一个月时间了，不如尽职尽责地工作，给大家留下个好印象。"于是，她从不说自己被解雇的事，别人偶尔提起时，她便说自己能力不足，应该淘汰。她还逢人就道别："再过些日子，我就要走了，不能再与你们共事了，请多保重。"大家见到她这么重感情，反而更亲近她，这让她的心情好了很多。在工作上，露茜的想法是：在岗一天就应该负责一天，给公司、老板和同事留下一个美好的回忆，即使我走了，也会有人夸我、想念我。

一个月很快到了，杰莉如期离职，露茜却被老板留了下来，老板说："像露茜这样对工作认真负责的员工，正是我们需要的，我们怎么舍得她离开呢？"

是的，负责任的员工永远都是企业需要的员工。

工作不负责任会给你的老板带来损失，但损失更大的是你自己。一些人花费很多精力来逃避工作，却不愿花相同的精力努力完成工作。他们以为自己骗得过老板，其实，他们愚弄的只是自己。老板或许并不了解每个员工的表现，或熟知每一份工作的细节，但是一位优秀的成功者很清楚，对工作负责最终带来的是什么样的结果。可以肯定的是，升迁和奖励是不会落在那些不负责任的员工身上的。

相反，那些勤奋、敬业、负责的员工往往会在工作中受益匪浅；在精神上，他们获得了快乐和自信；在物质上，他们也获得了丰厚的报酬。

你的工作就是你的责任，就是你任何时候都应坚守的职责和使命。当你尝试着对自己的工作负责时，你就会发现，你自己还有很多的潜能没有发挥出来，你要比自己往常出色很多倍，你会在平凡单调的工作中发现很多的乐趣，最重要的是你的自信心还会得到提升，因为你能做得更好。

3. 勇于担当，主动承担更多责任

具有主动积极精神的员工总是会比别人承担更多的责任，而且是主动地承担责任。

有责任心的员工一定会努力、认真工作；有责任心的员工一定会工作细致，听从安排，乐于协作；有责任心的人做每一件事都会坚持到底，不会中途放弃，说到做到，有个交代；有责任心的员工一定会按时、按质、按量完成任务，解决问题，能主动处理好分内与分外的相关工作，在有人监督与无人监督时都能主动承担责任而不推卸责任。这样的员工就是企业最需要的员工，也是老板寻找的员工，最好的员工。

亨利和李尔是新进入公司的两名工程师，为了全面提高他们的技能水平和工作能力，公司安排他们前6个月上午听课，下午在公司完成布置给他们的软件开发项目。

亨利每天下午到了办公室，就专心致志地投入到他的项目中去，即使有空休息时，也是认真地坐下来阅读技术文件，学习一些日后工作中可能用得上的软件程序，完全把完成项目任务、提高自己的技术水平当成了头号任务。当有的同事手头忙请他暂时帮一会儿忙时，都被他谢绝了。他总认为那不是自己的任务，自己最关键的任务就是努力提高技术能力，并向老板和同事证明自己的技术能力如何出色。

李尔呢，可不一样。除了每天下午花3个小时看资料外，她把剩余的时间都花在向同事介绍自己和询问与他们项目有关的问题上了。当同事遇到问题或忙不过来时，她就主动帮忙。所有的办公室的PC都要安装一种新的软件工具时，每个工作者都希望能跳过这种耗时的、琐碎的安装过程，李尔由于懂得如何安装，她便自愿为所有机器安装这个软件，这使得她不得不每天早出晚归，以不影响其他工作。包括亨利在内的部分同事都把李尔看做傻瓜。

6个月后，亨利和李尔都完成了工作安排，他们的两个项目从技术讲完成得都不错。但经理却认为李尔表现得更出色，并在公司高层管理人员会议上表扬了李尔。因为李尔善于别人提供帮助，能够承担紧急的任务，也就是说能够主动承担更多的责任。

联想集团杨元庆在回答"什么样的员工是联想的好员工"时说："好员工要有责任感。一方面是要敢于拍板，有很多同志做事时持躲避态度，有风险、要承担责任的事就不去做，这是缺乏责任感的表现；另一方面，真正发生了问题要敢于承担责任，尤其要有替下级承担责任的勇气。不要把问题说成下面哪位员工没做好，要尽可能地在自己的身上找责任。"

只有那些积极主动的员工才能做到这一点。因为积极主动的人比别人更加勇于负责，而且基于这种责任心，更能激发他的的潜能，使他的能力得到更大的提升。

每一个人在工作之中，都应该主动负责地做事。这样，才能够不断挖掘出自身潜力，逐步实现自己内心想要达到的目标。不知道你是否知道职场中有一个等式：责任＝机会。当你主动积极地去承担责任时，其实你已经赢得了比别人更多的发展机会。

一家银行招聘人员，很多自认为非常优秀的人都被淘汰了。年轻的恰科也一样没说几句话就被拒绝了。当他沮丧地走出董事长办公室的大门时，发现大门前的地面上有一个图钉。他弯腰把图钉捡起来扔进了垃圾桶。

第二天，恰科出乎意料地接到银行录用的通知书。原来，他弯腰拾图钉的动作被董事长看到了。董事长见微知著，认为如此精细小心、不因善小而不为的人，必定是个能担当特殊责任的人,这样的人十分适合在银行工作,于是改变主意录用了他。

果然不出所料,恰科在银行里样样工作都干得非常出色。后来,恰科成为法国的大银行家。

银行董事长完全有理由相信,恰科的小小举动,完全是出自于他日常生活中养成的对别人负责的习惯。

对于一名责任感强的人来说,责任已经成为他们生活态度的一部分,无论在什么时候、什么场合,他们都不会忘掉自己的责任,任何时候都想着如何能更加负责任地把工作做好。

当责任感成为一种习惯,成为一个人的生活态度,我们就会自然而然地担负起责任,而不是刻意地去做。当一个人自然而然地做一件事情时,当然不会觉得麻烦,更不会觉得劳累。当你意识到责任在召唤你的时候,你就会随时为责任而放弃一切,而且你不会觉得这种放弃有多么艰难。

有积极主动精神的员工将责任感根植于自己内心深处,时时刻刻都想着责任,把责任作为自己生活的态度,这种强烈的责任心,自然会调动他们身上所有的积极性,激发所有的潜能,让他在工作和生活之中,表现出卓越和优秀。

4. 敢于负责，绝不推卸任何责任

敢于负责是衡量一个人能力及成熟度的最佳方法之一。一个人只有对自己负责,才能对别人负责,一个对自己都不负责的人,将来肯定一事无成。无论好坏,都是自己造成的,一个人只有对自己完全负责,才会拒绝找借口,拒绝推卸责任给别人,勇于揽责,才能勇敢地面对生活,积极进取才能成功。敢于负责也是主动积极的员工的基本素质。主动积极的员工把自己的责任当成自己的生命一样守护,任何时候也不会推卸自己的责任。

世界上没有比推卸责任更愚蠢的事了。日常生活中,每个人都难免会出现错误，但是，当问题发生后，有些人为了推卸责任，找出许多借口为自己来辩解，并且说得振振有词，头头是道："他们不采纳我的建议"、"我是按照公司的要求做的"、"这不能怪我"，等等，其实，这样做并不能把责任推得一干二净，恰恰会适得其反，自尝苦果。

深圳有一家香港公司的办事处，有一位主管和一位职员。办事处刚成立时需要申报税项，由于当时很多这样性质的办事处都没申报，再加上这家办事处没有营业收入，所以这家办事处也没申报。两年后，在税务检查中，税务局发现这家办事处没有纳过税，于是做出了罚款决定，数额有几万。这家办事处的香港老板知道这件事后，就单独问这位主管："你当时怎么想的，现在发生这样的事情？"这位主管说："当时我想到了税务申报，但职员说很多公司都不申报，我们也不用申报了，考虑到可以给公司省些钱，我也就没再考虑，并且这些事情都是由职员一手操办的。"老板又找到这位职员，问了同样的问题。这位职员说："从为公司省钱的角度，再加上我们没有营业收入和其他公司也没申报，我把这种情况同主管说了，最终申不申报还应由主管做决定，他没跟我说，我也就没报。"

职员和主管相互推卸责任，这让老板非常生气，结果是将他们全部辞退。

千万不要利用自己的功绩或手中的权力来掩饰错误，从而忘却自己应承担的责任。人们习惯于为自己的过失寻找种种借口，以为这样就可以逃脱惩罚。正确的做法是，承认它们，承担它们，并尽一切的努力弥补过错。这样做，并不会因过错削弱你的能力，因失误降低你的威信。相反，还会因此锻炼出你勇于承担责任的意志和精神，让你更加可信，更加勇敢，从而更加负责。当然也会更有前途，取得更多的成绩，获得最多的成功。

陈任和张明到一家速递公司，被分为工作搭档，他们工作一直都很认真努力。领导对他们都很满意，然而一件事却改变了两个人的命运。一次，陈任和张明负责把一件大宗邮件送到码头。这个邮件很贵重，是一个古董，领导反复叮嘱他们要小心。到了码头陈任把邮件递给张明的时候，张明却没接住，邮包掉在了地上，古董碎了。

领导对他俩进行了严厉的批评。“这不是我的错，是陈任不小心弄坏的。”张明趁着陈任不注意，偷偷来到办公室对领导说。领导平静地说：“谢谢你，我知道了。”随后，领导把陈任叫到了办公室：“陈任，到底怎么回事？”陈任就把事情的原委告诉了领导，最后陈任说：“这件事情是我的失职，我愿意承担责任。”

陈任和张明一直等待处理的结果。领导把陈任和张明叫到了办公室，对他俩说：“其实，古董的主人已经看见了你们俩在递接古董时的动作，他跟我说了他看见的事实。还有，我也看到了问题出现后你们两个人的反应。我决定，陈任留下继续工作，用你赚的钱来偿还客户。张明你不用再来上班了。”

领导的信任建立于你的责任，你总想推卸责任，领导自然就会选择那些敢于承担责任的人，为他们创造更多的成功条件。勇于负责，不推卸责任，拥有主动积极和认真做事的态度，你就会出类拔萃。

推卸责任，是极不负责的态度。自己的事情出了问题，首先要从自己身上好好检讨一下，看自己是否做得够好，是否做得没有一点失误，如果一味地找借口，把错误归结于别人或者客观因素，无疑会养成一种消极逃避的习惯，不敢对自己的行为负责，不敢对自己的人生负责。

人们往往对于承认错误和担负责任怀有恐惧感。因为承认错误、担负责任往往会与接受惩罚相联系。人们通常愿意对那些运行良好的事情负责，却不情愿对那些出了偏差的事情负责任。有些不负责任的员工在事情出现问题时，首先考虑的不是自身的原因，而是把问题归罪于外界或者他人，总是寻找各种各样的理由和借口来为自己开脱。比如：工作业绩不理想,那么一定是领导无方、相关部门不配合;领导不喜欢自己,一定是他不懂得欣赏自己;销售任务没有完成,一定是客户太挑剔……在很多管理者看来,这些都是无理的一个借口。这些借口并不能掩盖已经出现的问题,这些理由不会减轻你所要承担的责任,更不会让你把责任推掉,反而会让你的虚伪、你的懦弱、你的无能和你的不负责任暴露无遗,让你在责任的光照下现出原形,让同事、老板和客户对你的信任消失殆尽。所以,做一个主动积极的员工,就绝不能推卸自己的责任。

一个懂得承担责任的人,无论做什么工作,都能出类拔萃,做到最好,因为高度的责任心可以让他抛开一切干扰,专心致志地做好自己的事,为自己的工作负起责任。也只有那些能够勇于承担责任的人,才有可能被赋予更多的使命,才有资格获得更大的荣誉。

有一句名言"责任在此,无可推卸"。是的,工作着就意味着责任,责任在此,怎么可以推卸?忠诚敬业的员工比谁都更明白这一点,也就比谁都更坚守自己的责任,因而他们也更能得到赏识和重用,更容易成功。

5.绝不逃避,关键时刻挺身而出

责任是一个人与生俱来的使命,责任也是一个人无可逃避的职责。一个勇于负责的人,不仅仅体现在生活中、表现在工作上,更多的是关键时刻勇于冲上去的精神的勇气。

黄继光1930年出生于四川省中江县一个山村的贫苦家庭。1949年解放后,村里组织起农会,黄继光不但成为农会第一批会员,还当上了村里的民兵。抗美援朝开始后,国内停止复员并大量征兵。1951年3月,中江县征集志愿军新兵时,黄继光在村里第一个报了名。体检时,他因身材较矮,开始未被选中。征兵的营长却被黄继光参军的热情所感动,同意破格录取。到朝鲜前线后,黄继光被分配到第15军第135团2营6连任通讯员。1952 年 4 月，部队到五圣山前沿阵地接防，本想杀敌立功的黄继光却被分配到了连队炊事班。经过副指导员细致的思想工作，黄继光明白了后勤工作的重要性，样样工作都干得很出色。经上级批准，他荣立三等功一次，还加入了共青团。1952 年 10 月 14 日，上甘岭战役开始。10 月 19 日夜，黄继光所在的 2 营奉命反击占领 597.9 高地表面阵地之敌。黄继光跟随营参谋长指挥 6 连在上甘岭进行反击。当时，营参谋长和连长、指导员焦急万分，如果天亮前攻不下敌阵地，一夜的战果将付诸东流。在紧要关头，黄继光挺身而出，与连里两名通讯员一起请战。不久，两名战友相继中弹倒下，黄继光也负了伤。当他爬到离敌人中心火力点十余米时，用力扔出了最后一颗手雷，只炸塌了半个地堡，敌人的机枪仍在喷出火舌。黄继光此刻身上已没有任何武器，仍然向前爬去。趴在后面的战友们借着照明弹的亮光，突然看到了气壮山河的一幕：黄继光摇晃着站起身，张开双臂，向敌人的机枪孔扑去……

黄继光因此成为志愿军中的“特级战斗英雄”，他勇堵枪眼的壮举，让他成为中国人民解放军中一面“永远不倒”的猎猎飘扬的旗帜。

这就是挺身而出的勇气，这就是勇于负责的榜样！在战场上，“舍身堵枪眼”是英雄，但在企业中，当然不需要去堵枪眼，但在一些重要的关头一样需要这样勇于负责的人“挺身而出”，才能更加有利于企业的发展，有利于公司的和谐。这样的人，虽算不得功勋千秋的英雄，但肯定是老板最器重的员工，最信任的员工。

有一位职业经理人讲过这样一个故事：公司准备上市，董事会决定在公司执行层设立行政总监。董事长一改以往作风亲自面试应聘者。一天，董事长秘书打电话请总裁去董事长办公室。总裁进去后发现，董事长和一位应聘者相谈甚欢。董事长问总裁:这个人做公司行政总监如何?总裁谈了自己的看法,觉得太能说的人往往言过其实,但董事长力主要用。这个人进入公司后,飞扬跋扈,一年时间不到,和所有部门的关系都搞僵了,最后只有辞职了事。人走了,但公司内部对此事的议论没有完,力主要用此人的董事长为此很郁闷。

这位总裁怎么办呢?按说,他事前已经提醒了董事长,可以说一点责任也没有,但他还是给董事会写了一份检查。检查大意是:在这次招聘时,自己违反程序,越过人力资源部直接面试应聘者,是非常错误的做法;看到应聘者有夸夸其谈的毛病,但没有向董事会指出,更是错上加错。所以,他请求董事会和董事长的批评和处分。

董事长把总裁的检讨一字未改转发全体董事会成员和经理班子成员。

当然,批评是有的,处分就免了,而且董事会对他更信任了。所有的人都心知肚明,是他挺身而出为董事长承担了责任,维护了董事长的威信,大家对他的人品有了更高的评价,他的前途当然会更加光明。

过去,我们有一句耳熟能详的话:关键时刻要经得住考验。现实工作中,一般意义上的关键时刻已经不多见了,但是,在市场竞争中,还是有很多“关键时刻”的。具有积极主动的精神、勇于负责的员工就是能经得住考验的员工,是那些“**日常工作能看出来,关键时刻能站出来,利益面前能让出来,危险关头能豁出来**”的员工。所谓“平时能看出来”,是指在日常工作中表现出一种承担、一种责任。该自己干的事情,就要按照规定要求、规定标准,在规定时间内完成。所谓“关键时刻能站出来”,是指在组织利益将要遭受损害时,无论是否关系到自己的责任,都要能够主动站出来维护组织的利益。所谓“利益面前能让出来”,是说,我们工作是要获得报酬,但决不是为了获得报酬而工作。所谓“危险关头能豁出来”,就是关键时刻承担责任、危险关头挺身而出的精神和勇气。

敢于承担，在“关键时刻、关键场合”挺身而出，当然能得到更多的信任和奖赏。

当堤坝上出现缺口的时候，谁在附近谁就用身体堵上去，因为那是到了关键时刻，刻不容缓。公司的各项规章制度也如“堤坝”，但有时候事情不是一成不变的，总会出现许多意外的情况，给公司和老板带来棘手的问题，有些迫在眉睫，必须马上解决。这时候你就要在衡量自身能力的情况下，挺身而出，主动担责，解决所遇到的问题或困境。

不要在心里说：反正不是我的事，再说了还有别人，我干吗出头，做吃力不讨好的事？不要以为自己现在还处于公司最低层就位卑言轻，就不敢去做，犹豫徘徊。可就在你思前虑后的时候往往有人冲了上去，别人当了英雄，而你只有独自责备和嫉妒。

在关键的时候你一定要挺身而出，该出手时就出手，为企业分担风险，帮助老板渡过难关。要知道所有的人都是害怕灾难降临到自己的头上，这时你为老板撑起一片天，为他挡风遮雨，你将赢得其他同事的尊敬，更能得到老板的信任和器重。

如何才能具备“关键时刻能挺身而出”的胆魄和勇气？这需要日常的积累和锤炼，需要胆识，需要胸怀。如果具备在关键时刻勇于挺身而出，做一个举着炸药包炸敌人碉堡的董存瑞、用血肉之躯堵敌人枪眼的黄继光，或者在敌我悬殊的情况下勇于“亮剑”的李云龙的勇气和精神，你离成功也就不远了！

6. 坚守职责和使命，做忠诚敬业的负责员工

作为一名员工，忠诚敬业是最基本的职责，也是最根本的使命。

忠诚是一种责任、一种义务、一种操守、一种品格。忠诚不讲条件，更不求回报，它是一种发自内心的情感。

忠诚和敬业是融合在一起的。忠诚在于内心,敬业在于工作上的尽职尽责,就是尊敬、尊崇自己的职业。敬业,就是用一种恭敬严肃的态度对待自己的工作,认真负责,一心一意,任劳任怨,精益求精,将工作当成是自己一定要做好的事。有忠诚之心就有敬业之行,忠诚敬业,相辅相成。

现代社会中,人们越来越看重忠诚的品质。许多大公司在招聘人才时都将忠诚作为选择人才的第一标准。没有忠诚你就可能得不到工作,你就无法在这个世界上安身立命。在漫长的人生中,你的大部分时间都是在工作中度过的,你工作的成败可以说是你人生的成败,而工作的成败又往往取决于你的忠诚度。无数在事业上取得巨大成就的人都清醒地意识到,忠诚是自己安身立命之本,是自己生活更好的前提和保障。

杭州某汽车配件销售公司,自2005年底以来,出现大型固定客户几乎全部丢失的情况,公司的营业额快速下滑,给公司带来了巨大的经济损失。公司高层怀疑此事是公司员工内外勾结所致,但是由于没有明晰的调查线索而束手无策。于是,他们想到了私家侦探,委托一家调查公司帮助调查此事。

根据该公司高层提供的资料,调查人员对能接触到高端客户的员工进行了全面的摸底和排查,最后目标锁定为该公司的销售部经理。侦探公司对其进行了周密的调查,在调查中他们惊奇的发现:该员工在同一个汽配城里也开了一家汽车配件销售公司,其经营的汽车配件与委托方公司即她所任职的公司是同一品牌,甚至连店面的装修都是一模一样。从表面上看,这个店是由其姐姐负责的,她自己很少出面管理!但每当有客户来委托公司采购或洽谈业务的时候,她就把客户介绍到自己经营的那个店,更有甚者,她在给客户发放名片时,会同时发出两张,两张名片上的联系电话和姓名毫无区别,只是公司的地址不同,其中一个地址就明确地写着她自己的公司地址。这个员工就是通过这种操作方式把委托方公司的客户挖到自己的客户网下，从而使得委托方公司的经营业绩每况愈下！

不忠诚的人常常会因为一些无法抵御的诱惑而抛弃了做人的根本。在诱惑面前，忠诚的品质最能凸现一个人的道德水准。但是主动负责的员工总是会把对企业的忠诚刻印在心上，任何时候都不会忘记忠诚也是自己的责任。

忠诚是所有企业最为看重的员工职业素质，是所有老板用人的第一标准。老板们都坚信，一个能对自己原来的公司、朋友忠诚的人也将会对自己的公司忠诚，他会与公司同舟共济，共谋发展。如果一个人不能忠诚于自己原来的公司，又怎能让人相信他会忠于现在的公司呢？

“我们需要忠诚的员工。”这是所有老板的共同心声。

因为一个员工即使再有通天的本领，如果没有一颗忠诚于公司的心，也不可能为公司真心地付出他的本领和才能的。反之，即使他本领并不高强，但他的忠诚将远远高于一切能力和技巧带来的价值。在很多时候，忠诚都远比能力更重要。

忠诚胜于能力、胜于一切。即使你有专家级别的技能，如果缺乏忠诚，那会给企业带来什么？忠诚胜于能力，并不是对能力的否定，而是对忠诚的肯定。

忠诚如此重要，又如此珍贵，那么，作为一名员工，要怎样才能做到忠诚呢？

保守公司的秘密就是最重要的一条。其实也是一名员工最基本最起码的忠诚。身在职场，保守公司和老板的秘密，这差不多是一个职场天条，也是忠诚最直接和基本的体现。

一个企业秘密是企业最应当保守住的，这不仅是因为这个秘密可能耗费了企业的很多精力和资金，最重要的是这个秘密极可能就是企业赖以生存的关键，它可以让企业兴旺发达，也有可能让企业一蹶不振。这样的秘密一旦泄露，后果可以想见。一个忠诚的员工绝对不会不把企业的秘密当回事,而到处张扬,口无遮挡的。忠诚的员工最需要坚守的信条是:一定要保守公司的秘密,不该问的不问,不该说的不说,公司的各种事情都不可以随便张扬,绝对守口如瓶。

在一次国际性的商贸谈判到中间休息时,英国的一位皮货商人主动给美国的谈判人员递烟闲聊:“今年的皮货比去年好吧。”美国人随意地应了声:“还不错。”那人紧跟了一句:“如果要想买20多万张不成问题吧?”美国的谈判人员仍不经意地说“没问题。”

英国商人在不动声色中掌握了美国有大量的皮货在寻找买家的商情。在随后的谈判中,英国商人以比原方案高出5%的价格,主动向美国商人递出2万张皮货的买单。可是随后就发现有人用低于英国商人的报价在英国市场上大量抛售皮货,当美国商人向其他国家的报价全部被顶回时,他们才恍然大悟:原来英国商人是有意用高价稳住自己,使其他的商人不敢问津,以便大量抛售他们几十万张的库存,以微小的代价换了个先手出货。

为避免类似事情的发生,应该:

闲谈莫论或少论企业事。许多从业人员一般分不清什么是企业秘密,什么不是企业秘密,过多的闲谈就容易造成泄密事故的发生。

要谨防亲朋好友泄密。

每一个公司的办公室里都会有许多的文件,除了对外发布的公告之外,任何文件都属于公司的机密,不可随意外传或泄露。

公司里的员工对正在实施的秘密计划要提高警惕,不使机密外泄,避免走漏消息,给公司造成损失。

请相信一句名言:沉默是金。工作中要少说话多做事。

二是忠诚于企业,不要跳槽。一个忠诚敬业的员工也不可能是一个跳来跳去的员工。其实频繁跳槽的人最终损害的还是自己,这样的人让人不放心也难以信任。

很多人工作一不如意就跳槽，人际关系不行也跳槽，看到待遇好的工作就更要跳槽，有时甚至没有任何原因也跳槽。在他们眼里，下一个工作肯定比现在的好，一切的问题都可以用跳槽的方式解决，就这样不停地跳来跳去，结果就失去了自我，也失去了方向，甚至找不到自己到底该干什么了，跳槽倒成了他的工作一样，最终还会栽倒在这跳来跳去上。

小李大学毕业后参加工作已有10年了，这10年间，他在4个公司担任过部门经理。10年的工作经验培养了小李出色的工作能力和业务水平，但是他又要跳槽了。经过一段时间的面试应聘。一家大型公司觉得小李确实不错，在最后一轮的面试中，人事经理问小李为何跳槽如此频繁？小李的跳槽原因当然有很多，但是有些不便讲明，于是他简单回答说："多数情况是公司的发展方向与我个人目标不符。"人事经理轻轻地说："那你怎么保证我们公司的发展方向和您的目标相一致呢？"

小李无言以对了。

忠诚度高的员工一般不会轻易地选择跳槽，因为他对企业、对职业、对岗位、对工作都有一种高度的责任感，这种责任感会让他全心全意地专注于做好这份工作，而不会太计较这份工作的好坏得失，计较自己的利益。但是恰恰因为他的忠诚和专注，让他能取得比别人更大的成绩，减少了变换工作的成本，反而更容易成功。

三是不能愚忠。忠诚的员工是企业的财富，也是老板们最钟情的员工。但是，如果不注意把握忠诚与愚忠之间的区别，忠诚变成了愚忠，那么这个员工就无法发挥出他的最大作用，甚至会给企业带来负面效应，聪明的老板绝对不需要愚忠的员工。

有一种叫做"队列虫"的小昆虫，爬行方式很奇特，它们爬行的时候，通常是五只虫连在一起行动，首尾相接成队伍，带头的那只负责寻找食物——桑叶，无论这带头的虫爬到哪里，后面的虫也一定会跟到哪里，它们因此而得名，人们习惯叫它们"跟屁虫"。如果带头的队列虫一直往前走的话，即使桑叶就在眼前，后面的虫子也不会自己去吃，而会一直紧跟着，甚至饿死。

还有生活在挪威北部海岸外的佛罗敦群岛附近的领航鲸和座头鲸，它们总是集体行动，通常是100头左右的鲸群，还有可能集结成数量超过1000头的大队，它们结伴到遥远的食物基地去，或者举行集体婚礼。这个队伍通常是由一头身体格外强壮的雄鲸率领。对它们来说，打头的就好比“领航员”，其他鲸亦步亦趋地尾随其后。有时打头的鲸累了就要进行轮换，可这也不影响其他鲸无条件地跟从。甚至有时候头鲸因为受伤要离开队列，其他的也便尾随而去。于是佛罗敦群岛和冰岛的渔民们就利用这一点，只要用矛随便刺伤一头头鲸，并把它赶到岸上，其他的鲸会立刻毫不犹豫地跟着它。

愚忠是不可取的。真正的忠诚，是行动而不是语言，真正的忠诚并不是放弃自己的个性和主见，并不是绝对和老板保持一个声音，更不是卑躬屈膝。愚忠是一种不负责任的表现，极有可能在盲目执行中给企业带来损失，甚至有可能让上司陷于不义之中。因此，人要忠诚也要智慧，不要愚忠、傻忠和痴忠。

只有忠诚才可能敬业，才可能兢兢业业地去工作；才有可能在工作中创造更大的价值，从而才能实现自我价值。“忠诚”与“敬业”两个词常常联在一起，这说明了敬业离不开忠诚，忠诚离不开敬业。只有忠诚的人，才可能做到敬业，也只有敬业的人，才是最忠诚的人。一个忠诚敬业的人——忠诚于职业并尊重自己的职业的人，才能把工作当成自己的事业，并对此付出全身心的努力，认真负责、一丝不苟、扎扎实实地工作，这种人最终能实现自己的人生价值；一个不忠诚敬业的人，思想懈怠，行为懒惰，工作拖延，效率低下，敷衍应付，得过且过，借口不断，逃避责任，态度冷漠，提不起劲，朝三暮四，拈轻怕重，这样的人是不能为社会创造价值的，创造不了价值的人，又如何能实现自我价值呢？

什么是敬业？就是用一种严肃的态度对待自己的工作，勤勤恳恳，兢兢业业，忠于职守，尽职尽责。中国古代思想就提倡敬业精神。

一个积极主动，热爱自己的工作，从心里尊敬自己的职业的员工，对待工作总是有100%的工作激情，十二分的投入。无论把他放在哪一个岗位上，他都能够兢兢业业、任劳任怨地发挥自己的智慧和才干，尽职尽责地把工作做到尽善尽美。

大学毕业后，于丽应聘到一家外企。她每天上班的工作就是：拆应聘信，翻译；翻译，拆应聘信。量大枯燥，索然无味，却忙得四脚朝天。可是于丽不急不躁，一直耐心仔细地做。10天后，于丽被提升为人事部经理。

升迁的理由是：一个名牌大学毕业的硕士生，每天千篇一律地拆信，并在几十封信中，不厌其烦地整理出有价值的信，推荐给老外上司，展示了她人事管理的才能，因而深得欣赏。总裁认为：于丽能够尽职尽责，忠于职守，干一行爱一行，自己岗位上的每一件事情都办得非常出色，企业需要的就是这样的放到哪里都能发光的人。

常言道，习惯成自然。任何事情一旦形成一种习惯之后，一切便都成为自然而然的事了。忠诚敬业也是一样，时时刻刻把忠诚敬业刻在心中的员工，会把忠诚敬业当成一种生活的态度，任何时候都自然而然地去做它，而不用刻意为之。

不管从事什么工作，有所投入才能有所收获。只要你还在一个工作岗位上，就应该安下心来，认真负责地完成这项工作。如果你能够养成职业的责任感，对自己的工作高度重视，你就会成为老板最信赖的人，将会被委以重任。

李明从一所本科大学毕业后去了一家研究所工作。那家研究所人才济济，作为一个名不见经传的小字辈，李明常常觉得有很大的压力。他兢兢业业地工作，不管做什么事，都会拿出全部精力投入其中。

一段时间之后，他发现这里的大部分人在上班时间也会走动聊天，很多人并不把本职工作当成正经事，还利用研究所里的设备做私活。很明显，那些人只把这里的工作当做混日子的工具而已。

李明并没有因为同事不认真工作而受到影响，他仍然是所有人中最努力的一位。这样的努力使得他的业务水平提高很快，不久，他就成了所长最看重的员工。所长需要什么的时候，第一个想到的总是他。时间一久，他成了所长的左膀右臂。就这样过了一段时间，他得到了提升，成为所里最年轻的副所长。

任何员工的成功都和他良好的敬业习惯分不开。好的习惯可以成就人生理想，实现人生价值，坏的习惯却会影响到前程和幸福。工作上的马虎失职，短时间内不会影响你的职位，但是如果养成习惯，便会最终葬送你的前程。

刘成龙是一家咨询公司的员工。他受过很好的教育，才华横溢。但是他在这家公司工作很长时间了，却久久得不到提升。原来，他工作十分散漫、马虎，从未认认真真地把一件工作完整地做好过。他整日都在消磨时间，把精力都用来思考怎样逃过一项一项艰难的工作和应付上司的监督上。在工作时间，他虽端坐在自己的位子上，但他的心却不在此，他在想着头天晚上的球赛或晚上下班后都到哪里去玩。一旦工作推不过，不得不做时，他也是应付了事，根本不会考虑这样做会有什么影响，或给公司造成怎样的损失。正是因为他不把公司放在心里，没有时刻想着公司，公司也把他“遗忘”了。所以，他直到现在还在做着平凡普通的工作，把自己的一生都耽误了。

一个人一时的尽职尽责很容易做到，要做到在工作中始终如一，能将尽职尽责当作一种习惯却是难能可贵的。

责任是员工的立业之本，是企业最需要的一种精神品质。优秀的员工懂得工作就是自己的职责和使命，坚守自己的职责和使命，就是对自己负责。

对于一个具有强烈责任感的人来说，责任至高无上，责任重于泰山。

即使失去了自己的生命，他们也不会丢弃自己的责任。

有这样一个震撼心灵的故事：

1870年3月17日夜，“玛丽”号轮船离开南安普顿，向盖内尔塞驶去。航行到英吉海峡时，全速前进的“玛丽”号撞上了另一艘轮船，并惨遭重创。所有的人瞬间都明白了眼前发生的一切，惊恐万状地拥向甲板，救生艇来不及放好，便被乘客抢翻，摔倒的人还来不及爬起，便被后面的人踩在脚下，工作人员声嘶力竭的喊声完全被乘客的奔跑声、哭叫声所淹没。

就在这时，船长阿尔威笔直地站上指挥台，他很清楚自己的责任，就是如何使乘客脱险。他先问机械师这船还能在水面上坚持多少时间，机械师说还有20分钟。他又问二副带了手枪没有，还有多少发子弹，二副说手枪里还有三发子弹。然后，阿尔威船长大声命令说：“你给我听着，现在共有60个人要救，如果有工作人员抢在乘客前面逃生，你就开枪；如果有男人抢在女人前面逃生，你就开枪；如果有年轻人抢在老年人前面逃生，你就开枪！”

在比枪声更具震撼力的话语中，疯狂的人群瞬间沉寂下来。阿尔威船长沉着地指挥着，他在向工作人员下达命令的同时，也似乎在向所有的人下达命令。船一边在下沉，乘客一边在乘救生艇安全转移，当最后一位乘客离开后，阿尔威船长与“玛丽”号一同沉入了海底。其实，要救的是61个人，阿尔威船长忘了他自己。但是，他用生命提醒了我们：岗位比生命更重要。即使丧失生命，也不能丢弃自己的责任！

当一个人视自己的岗位如自己的生命一般神圣，当一个人把自己的全部精力都投入某一项工作中去，可以说没有什么做不成功的事。

责任感会让我们在工作和生活中表现得更加优秀而卓越，能激发出我们身体内深藏的潜能。责任感是靠近伟大的第一要素。正因为责任的引领，让我们更接近于正义、良知、伟大和崇高。

2009 年 5 月 17 日，湖南省株洲市市区红旗路一座高架桥发生坍塌事故，导致 9 人死亡，16 人受伤。共有 22 辆车被压，其中包括株洲城区公交车一辆。但是令人惊奇的是，公交车上居然无人伤亡。这全得感谢那台公交车司机李莉。

当时，他正驾驶着公交车由南向北行驶。当行驶到高架桥下火电公司附近时，由于附近路段实施了交通管制，车被堵住了。这时，桥上土块掉在了公交车顶上，李莉凭感觉觉得不对。

考虑到宣布大桥危险会引起恐慌，李莉借口堵车劝说乘客就近下车。只有 1 名老人因为年岁已高，不愿意提早下车。为此，这位公交司机编出了一个善意的谎言："你们先下车慢慢走，如果路通了，我就在前面接你们。"

劝下老人后，李莉也下了车，半分钟后，他听到一声巨响，瞬间，坍塌的桥面将公交车的左侧压扁了。伴随着几声惊恐的尖叫，公交车前面的一台轿车也被压垮了。

公交车上无人受伤，是这次事故不幸中的万幸，而这正是由于李莉高度的责任心和为乘客负责的精神，才挽救了一车人的性命。

参天大树的挺拔耸立、枝繁叶茂，正是来源于根的"坚守职责"；凌云高楼的巍峨壮观、气势撼人，正是来自于基石默默无语的"坚定不移"；刚强的柱石支撑起百年不倒的大桥，坚韧的钢轨承载着呼呼奔驰的列车，社会的安定、民族的振兴、企业的兴盛，正是无数如这位司机一样的普通员工坚守职责，尽职尽责的结果！

责任是工作赋予给我们的神圣的使命，责任是每一个人必须坚守的职责。假如你守住了自己的岗位职责，就是守住了你的人格，守住了你的尊严，守住了一颗无愧于天地的心，也守住了整个社会所给你的一切荣光。

第四章　主动付出，每天多做一点点

比别人多付出一分就意味着比别人多积累一分资本，意味着比别人多显露一分才华；意味着比别人多闪现一分美德；意味着比别人多创造一次成功的机会。积极主动的员工愿意付出，甘心付出，不怕多加一盎司，因为积极主动的精神已经成为他们的习惯。

1. 主动付出，不在乎多加一盎司

著名投资专家约翰·坦普尔顿通过大量的观察研究,发现了一条很重要的原理:多加一盎司定律。

所谓"多加一盎司定律",意即只要比正常多付出一丁点就会获得超常的成果。盎司是英美重量单位,一盎司相当于 1/16 磅,在这里以一盎司表示微不足道。

坦普尔顿指出:取得中等成就的人与取得突出成就的人几乎做了同样多的工作,他们所做出的努力差别很小——只是"多加一盎司"。

我国著名企业海尔的产品合格率之所以能达到 100%,其秘诀就是运用了"多加一盎司定律"。

由于电冰箱对当时的消费者来说是家庭中的大件,许多家庭买来之后,都放在房间的显要位置。基于此,海尔对冰箱的各项技术指标的要求均高于国家标准,其中主要的七项指标实测值均优于国际发达国家水平。为满足当时用户对高档家电的特殊需求,海尔对外观、噪音等的要求特别严格。如冰箱外观,国家标准要求是 1.5 米以内看不出划痕,而海尔的要求则是 0.5 米以内不得看出划痕;噪音国家规定为 52 分贝,海尔的内控标准为 50 分贝,加强了自身的"修炼"。

正因为海尔人自觉主动地"多加了这样一盎司",才有海尔在全国市场上的良好口碑和海尔的不断壮大和发展。

要多加一盎司,就要有主动付出的精神,不要怕付出,不要怕多做了那一点点,多做的那一点点带来的将是惊人的回报。"主动付出,多加一盎司"其实是所有成功者——无论是个人还是企业一个简单而公开的秘密。

格兰仕在今天堪称世界微波炉的"龙头老大",但是,谁又会想到格兰仕卖出第一台微波炉有多难呢!

格兰仕当年试生产了1万台微波炉,但是卖给谁呢?企业的上上下下都在想这个问题。

那个时候,别说是在中国,就是在西方,在资本主义国家,微波炉都是奢侈品,那么在中国到底谁能买得起呢?

卖给上海人!因为上海是大都市,人们的消费水平较高而且又赶潮流。于是,由现已出任格兰仕副总裁的陈曙明带着一组人马兴冲冲地进军上海。

谁也没有想到的是,"格兰仕"这三个字在上海方言中的谐音是"不来事",用普通话来解释,有"不行"之意。听着格兰仕微波炉被人有意讥笑成"不行的东西",业务员们心里又窝火又委屈,还不能反驳。

这就是格兰仕刚打入市场时的情景。怎么办?产品生产出来了,怎么样才能卖出去呢?格兰仕人的压力很大,作为一线的销售人员压力就更大了,因为把微波炉卖出去,在他们看来就是责任所在,这个问题摆在当下,不但要解决,而且还要解决好。

最后,他们只好变招,瞄准一些人的"崇洋"心理,随机发挥:"我们靠香港很近(格兰仕企业所在地广东顺德跟香港确实不远),使用的是日本技术,您瞧照片,这就是东芝的生产线,多棒啊!日本东芝听说过吧?外国人家家户户都用微波炉呢!您试试,什么都能做,多好用啊……"

"就算好,可大家烧饭都是用液化气,这东西太新了,卖不出去的,不行啊。你们去别家看看吧。"还是不接受,商场的经理们一家推一家。

继续软磨硬泡,陈曙明领着大家待在商场,见活就抢着干,替人家扛东西、搬货,套交情,还一路跟到那些商场经理们的家里,帮人家扛液化气罐、扛米袋子。

公关终于有效果了,有家商场的经理顶不住了:“真拿你们没办法!可大家都是开门做生意的,我的权力也有限,最多只能试一下。这样吧,给你们一个柜台,只能放三天,卖不出去可不能怪我。”

陈曙明连连点头:“多谢您了!就三天,能卖出去就放,不行就走,绝不让您为难。”

他们总算是走进了商场。虽然只在角落里占了个小小的位置,大家还是把这个小地方好好打扮了一番,又彻夜不眠地构思起他们的销售方案。

有一点很明显,如果只是摆在商场柜台上,卖出去的可能性微乎其微,不可能指望商场售货员花很多工夫帮忙推销。首先人家没这个意愿,就算有,相关知识也欠缺。因此陈曙明决定领着业务员充当售货员,亲自卖货。

在今天看来,陈曙明这支人马,是格兰仕也是中国家电业的首批商场促销员。那一天,陈曙明亲自站柜台,其他业务员四下招徕顾客。

烤熟的鸡,金黄油亮,香喷喷。陈曙明一边演示,一边请顾客们品尝,不停地介绍着微波炉知识。可是一天下来,有来看热闹的人却没有来买的人。

第二天,情况依然如故。眼见就是最后期限了,陈曙明急得嘴上起大泡,晚上翻来覆去地睡不着觉:看来这两天的销售策略没有说到顾客的心坎儿上,一定得改变方案!

最后一天,陈曙明带去了米和水,针对上海人的精打细算展开攻势,重点介绍使用微波炉比使用液化气节省。终于有位女顾客走上前,半信半疑地说了句:“真的吗?”

这还能假得了?陈曙明早已做足功课,拿数字说话,告诉她煮饭能节省多少水,用电又比用液化气省多少钱,一天做 3 次饭，一年就是365天，再乘以微波炉的使用寿命，那样，买微波炉的钱早就回本了……他边说边演示。

米饭煮好，女顾客尝了尝："还可以。"

陈曙明又赶紧把话跟上："放心吧，您买回家肯定不会亏本的！"

女顾客点点头："看来真是不错。好吧，我就买一台回去试试。"陈曙明心中大喜，哪知女顾客又说："今天没带钱，这样吧，改天我再来。"

这话倒不假，那会儿，又有多少家庭妇女兜里揣着几千元钱逛街呢！

但是，岂能眼看到了嘴边的鸭子飞走呢？正所谓鸡不能飞，蛋也不能打！

陈曙明心里比谁都清楚，这已经是第三天了，再卖不出去就没机会了！他一边心里叫苦，一边却满脸堆笑："没关系。您一个人不方便，我们给您送回家去。"没等女顾客开口，他就朝业务员吩咐："拦一辆车！"说边将一台微波炉扛到了自己肩上。

格兰仕人以他们的热情诚挚、主动付出，终于在大上海售出了第一台微波炉！

陈曙明在顾客的家里拿到钱后，立马奔到最近的电话亭，打电话报喜。

全厂一片欢腾。

毫无疑问，格兰仕的成功背后是格兰仕人的主动付出、主动多做一点点的精神，试想，要不是陈曙明和他的同事多付出的那一点点——扛着微波炉送货上门，不知道格兰仕卖出第一台微波炉的时间还要往后拖多久，更不知道如果格兰仕久久得不到卖出了产品这样的好消息的鼓舞，当时已经万分艰难的格兰仕还得坚持得了多久。在这个意义上，我们甚至可以说，格兰仕的成功，就来自于陈曙明当初多走的那几步路，多付出的那点力气,多加的那一盎司。

“多加一盎司定律”在工作中所产生的效果往往出人意料,正如只要求自已得60分和要求自己得100分的两个考生,正因为有着不同层次的目标,两者所付出的努力肯定存在差异,两者取得的成绩绝对是截然不同的。

事实上,许多人能获得事业上的成功,就在于他们比别人多做了那么一点点,或是在他们的职责之外,多加了一盎司而已,主动积极地多做了那么一点点而已,其结果,所取得的成就及成就的实质内容方面,却经常有天壤之别。

一个阴云密布的午后,由于瞬间的倾盆大雨,行人纷纷进入就近的店铺躲雨。一位老妇也蹒跚着走进费城百货商店,面对她略显狼狈的姿容和简朴的装束,所有的售货员都对她都心不在焉,视而不见。

这时,一个年轻人诚恳地走过来对她说:“夫人,我能为您做点什么吗?”老妇人莞尔一笑:“不用了,我在这儿躲会儿雨,马上就走。”老妇人随即又心神不定了,不买人家的东西,却借用人家的店堂躲雨,似乎不近情理。于是,她开始在百货店里转起来,哪怕买个头发上的小饰物呢,也算给自己的躲雨找个心安理得的理由。正当她犹豫徘徊时,那个小伙子又走过来说:“夫人,您不必为难,我给您搬了一把椅子,放在门口,您坐着休息就是了。”两个小时后,雨过天晴,老妇人向那个年轻人道谢,并向他要了张名片,就颤巍巍地走出了商店。

几个月后,费城百货公司的总经理詹姆斯收到一封信,信中要求将这位年轻人派往苏格兰收取一份装潢整个城堡的订单,并让他承包写信人家族所属的几个大公司下一季度办公用品的采购订单。詹姆斯惊喜不已,匆匆一算,这一封信所带来的利益,相当于他们公司两年的利润总和!

他在迅速与写信人取得联系后，方才知道，这封信出自一位老妇人之手，而这位老妇人正是美国亿万富翁“钢铁大王”卡内基的母亲。

詹姆斯马上把这位叫菲利的年轻人，推荐到公司董事会上。毫无疑问，当菲利打起行装飞往苏格兰时，他已经成为这家百货公司的合伙人了。那年，菲利22岁。

随后的几年中，菲利以他一贯的忠诚，成为“钢铁大王”卡内基的左膀右臂，事业扶摇直上、飞黄腾达，成为美国钢铁行业仅次于卡内基的富可敌国的重量级人物。

菲利只不过在他的职责之外，多为客人加了一把椅子，就轻易地与“钢铁大王”卡内基攀亲附缘、齐肩并举，从此走上了让人梦寐以求的成功之路。由此可见，“多加一盎司”对于成功的巨大威力。

“多加一盎司定律”其实是成功的一个简单而有效的途径，每个人都可以做到、做好。我们工作当中的很多工作其实就是那需要增加的“一盎司”，从对工作的态度到传递给他人的信息，也许就是多打的一个拜访电话，多做的一份统计数据，一个包含宽容和理解的微笑，能让你的工作和生活更加完美，能让你获得超值的回报，多加一盎司，每天进步一点点，运用好这一简单的方法，你将受益终生。

2. 甘心奉献，不计较任何得失

主动付出的员工都是甘心奉献的员工，他不会计较自己的得失，而是埋头苦干、乐于付出。

很多员工认为，职场就是名利场，对于自己的利益锱铢必较，而对于那些没有好处的事，则坚决不做。这其实是一种危险的想法，一种与主动积极背道而驰的观念，是一条与成功南辕北辙的道路。

有人问很多企业家这样一个问题:"什么样的员工,在你的单位最不受欢迎?"

结果排在前三位最不受欢迎的员工分别是:

整天斤斤计较的员工;

凡事都要谈自己利益的员工;

总抱怨报酬太少的员工。

对于这三类员工,很多老总们都发表了自己的看法。其中一个老总这样说道:"我并不是说员工不能谈报酬,但在谈之前,他起码应该想想,自己到底为公司付出了多少?这样的付出能不能得到这样的回报?"

另一位老总说:"如果员工创造了效益,我能不给他相应的报酬吗?可事实往往是,他还什么都没创造,就跑来跟我提条件、谈要求,你说我能答应吗?"

还有一位老总说:"我最反感的员工是一给他派任务就牢骚满腹,背后不停抱怨为什么不让别人做而要让他做。他也不想想,我之所以将任务交给他,是认为他有能力,能够做好。但这样一来,即使有好的机会,我也不会放心交给他。"

从上面我们可以清楚地看出,最不受单位欢迎的员工,就是喜欢计较、不愿付出的员工!

我们都知道,付出才有回报,每天只计较自己的得失,而不付出,怎么会受到企业的欢迎,得到老板的器重,受到成功的垂青呢?

只有那些甘心付出,无私奉献,不计得失的人,最终却能得到最为丰厚的回报。

多年前,一位20多岁的年轻小伙子怀着满腔的豪情只身来到香港,希望闯出一番天地。可现实却并不如他想象的那么美好,由于既不会说广东话,也不会说英语,哪个公司都不愿意要他。

最后，他只找到了一份清洁工的工作，又脏又累不说，薪水只有 60 块钱，而且 40 块钱还要花在交通费上。

如果换了其他人，难免会这样想：

“做得这么累，还只有这么点薪水，太不划算了，反正也不过是份临时的工作，不如马马虎虎应付算了。”

但小伙子却不这么想，他没有任何的牢骚和计较，反而每天都乐呵呵地工作。

按公司的规定，小伙子每周只用上 5 天班，周末可以休息。可他发现，周末公司经常有人加班，因为没人打扫，往往弄得公司的卫生很差。

为了给大家创造一个清洁的工作环境，小伙子于是每个周末都主动来加班，为大家打扫卫生。

谁也没有要求他这么做，更没有谁说过要给他加薪水。但他还是一点也不计较，一如继往地做着自己的事情。

渐渐地，老板开始注意起这个对工作主动付出、毫不计较的小伙子。于是就将他从清洁工的岗位上调到了办公室，负责处理一些杂事。

工作变了，可是心态没变，小伙子还是整日乐呵呵地做事，默默地付出，什么也不计较。这样良好的心态，再加上他本身的能力，渐渐地，他就被老板提升为文员、经理……直到副总。

后来，小伙子又以自己的实力，在地产业、酒店业闯出了一片天地，成为了著名的企业家，受过他资助的人不计其数。

当年这个小伙子，就是曾在“胡润慈善榜”排在第一位的慈善企业家——余彭年！

不爱计较爱付出的性格，一直贯穿了余彭年人生的始终，即使在成为身家几十亿港币的富豪后，他首先想到的依然是付出：为慈善事业尽自己最大的力量。

无论是当年一周扫7天地的小伙子，还是今天为慈善不遗余力的大企业家，余彭年始终将付出当成快乐，而不是负担。

有了这样的心态，很多扇门就会在不知不觉中打开：机遇、赏识自己的伯乐、帮助自己的贵人、成功……

过于计较，就不会付出，而不付出，自然做不出成绩，创造不了效益。那么随之而来的，就是加倍的得不到回报。所以，我们要少一点计较，多一点付出。

3. 倾注热情，点燃工作的熊熊火焰

激情是一种强烈的、具有爆发性的情感，一种对人、事、物和信仰的强烈情感。它发自内心，又深入内心。它是一个人保持高度的自觉，把全身的每一个细胞都调动起来，完成他内心渴望完成的事业的一种勃发的精神状态。

热情可以创造奇迹，热情有着无法抵御的魅力，热情还有着锐不可当的威力。历史上有许多依靠个人热情改变现实的事迹。

拿破仑在第一次远征意大利的行动中，只用了15天时间就打了6场胜仗，缴获了21面军旗，55门大炮，俘虏15000人，并占领了皮德蒙德。在拿破仑这次辉煌的胜利之后，一位奥地利将领愤愤地说："这个年轻的指挥官对战争艺术简直一窍不通，用兵完全不合兵法，他什么都做得出来。"

拿破仑发动一场战役只需要两周的准备时间，换成别人可能需要一年。这种差别正是因为他有着无与伦比的热情，还有他的那些根本不知道失败为何物的满腔热情地跟随着他的士兵，从一个胜利走向另一个胜利，让战败的奥地利人目瞪口呆。

人是很奇妙的，每个人内心都有热情，能感受强烈的情绪，这种内心的情感却正是驱动我们奋发进取、走向卓越、影响别人、成就自己的关键

因素。凭借热情，我们可以释放出潜在的巨大能量，补充身体的潜力，培养出一种坚强的个性；凭借热情，我们可以把枯燥无味的工作变得生动有趣，使自己充满活力，培养自己对事业的狂热追求；凭借热情，我们更可以获得领导的提拔和重用，赢得宝贵的成长和发展的机会；凭借热情，我们可以感染周围的同事，让他们理解你、支持你，拥有良好的人际关系；凭借热情，可以使原本平凡的你变得卓尔不群，让人过目难忘。

有三个人做了一个小游戏：同时在纸片上把他们曾经见过的性格最好的朋友的名字写下来，还要解释为什么选这个人。结果公布后，第一个人解释："每次他走进房间，给人的感觉都是容光焕发，好像生活又焕然一新，他热情活泼，乐观开朗，总是非常振奋人心。"

第二个人理由："他不管在什么场合，做什么事情，都是尽其所能、全力以赴。"

第三个人说："他对一切事情都尽心尽力。"

这三个人是美国几家大刊物的记者，他们见多识广，几乎踏遍了世界的每一个角落，结交过各种各样的朋友。他们互相看了对方纸片上的名字之后，发现竟然不约而同地写的是澳大利亚墨尔本一位著名律师的名字，因为这个律师拥有无与伦比的热情，这种热情感染了他们每一个人，激情也让这位律师取得了事业的极大成功。

有句谚语是这么说的："湿柴点不着火。"缺乏热情，不是工作的问题，而是你的"易燃指数"不够让热情的火燃烧起来。点燃你心中对工作的热情之火，不但会使你的事业之火越烧越旺，也会使你的工作效率成倍提高，你的生活从此不同。

威廉·费尔波是耶鲁大学最著名也是最受欢迎的教授——在他极富启示性的《工作的兴奋》中，如此写道："对我来说，教书凌驾于一切技术或职业之上。我爱好教书，正如画家爱好绘画，歌手爱好歌唱,诗人爱好写诗一样。每天起床之前,我就兴奋地想着有关学生的事……工作之所以能够高效地完成,最重要的因素就是对自己每天的工作抱着热忱的态度,热忱是我们最重要的财富之一。"

是的,每个人都具备着火热的激情,只是这种热情深埋在人们的心灵之中,等待着被开发利用,为高效的业绩和有意义的目标服务。同样一份职业,由具有热忱的人和没有热忱的人去做,效果是截然不同的。前者使人变得有活力,工作干得有声有色,创造出许多辉煌的业绩;而后者使人变得懒散,对工作冷漠处之,当然就不会有什么发明创造,潜在能力也无法发挥。一个人不关心别人,别人也不会关心他;自己垂头丧气,别人自然对他丧失信心;如果成为这个职业群体里可有可无的人,也就等于取消了自己继续从事这份职业的资格。可见,对你的职业和工作倾注热情是竞争的至关重要的条件。

内心里充满热情,工作时就会兴奋,精神也就会振奋,同时也会鼓舞和带动周围的人提高工作效率,这就是热忱的感染力量。在职业生涯中,要想把工作做得又快又好,把自己的事业经营得有声有色,必须保持一股工作的热忱。只有当热情发自内心,又表现成为一种强大的精神力量时,才能征服自身与环境,创造出一个又一个令人叹服的业绩,保证自己在激烈的竞争中立于不败之地。

一个能够拥有热忱的人,不论是从事什么职业,都会怀着极大的兴趣。因为有了兴趣,自然而然的会热爱自己的工作,认为自己的工作是一项神圣的天职。不论遇到有多少困难,或需要多么艰苦的训练,始终会用不急不躁的态度去进行。只要抱着这种态度,任何人都会快捷完满地达到他所要达到的目标。

曾任纽约中央铁路公司的总裁的佛里德利·威尔森,在一次接受采访时被问及如何才能高效工作促进事业成功,他回答:"我深切地认为,一个人的经验愈多,对事业就愈认真,这是一般人容易忽略的成功秘诀。成功者和失败者的聪明才智，相差并不大。如果两者实力接近的话，对工作较富热情的人，一定比较容易获得更多的业绩。一个不具实力而富热情的人和一个虽具实力但不热情的人相比，前者的成功也多半会胜过后者。”

任何事业，要想获得成功，首先需要的就是工作热忱。投入愈强烈，工作就变得愈可行，信心也跟着大增，业绩也随着日渐显著。你愈投入热忱，事情就愈显得容易，做起来就愈能轻快地实现。当你认真地想做，一切都变得很有可能，没有什么是太麻烦或太困难的。在热忱面前障碍就像田径赛的栏栅一样，等着被征服。

假如一个人缺乏热情，一定是一个无精打采的人，即使所有的机会都来到身边，也会稀里糊涂地把它们丧失殆尽，工作效率就会难以保证。因此，事业成功离不开高效的支持，其要诀是用全部身心开始自己的工作。不论你从事什么工作，你都必须热爱它，并全身心地投入进去。你会得到一种神奇的力量，当这股力量被释放出来，足以克服一切困难。因此，对工作热情是一切希望成功的人必须具备的条件。

《时代》杂志引用爱德华·亚皮尔顿——伟大的物理学家，曾协助发明了雷达和无线电报，也获得了诺贝尔奖——的一句具有启发性的话：“我认为，一个人想在科学研究上有所成就的话，热情的态度远比专门知识来得重要。”这句话如果出自普通人之口，可能会被认为是外行话，但出自亚皮尔顿这种权威性的人物，意义就很深长了。在科学的研究上热情如此重要，那么对普通的职员来说，热情在工作中也应更重要。

从工作中获得快乐和成就感的秘诀不在于专挑自己喜欢的事情做，而在于发自内心地喜欢自己所做的工作。吉拉德当初工作充满热情，很快就成了全美汽车销售冠军。他曾感叹地说：“我从事推销工作多年，见到过许多人，由于对工作抱持热情的态度，他们的绩效成倍地增加。我也见过另一些人，由于缺乏热情而走投无路。我深信热情的态度是成功推销的最重要因素。”

你要找到自己的热情，正如信心和机遇那样，全靠自己创造，而不要等他人来燃起你的热情火焰。缺少自身的努力，任何人都无法使你满腔热情；没有自身的努力，任何人都无法使你获得工作的高效。那些充满乐观精神、积极向上的人，做任何事都因为拥有热情而有使不完的劲，创造工作上的高效率也就理所当然了。

热情可以创造奇迹。因为伽利略对宇宙的满腔热情才举起了他的望远镜，才让我们领略了宇宙太空的神秘和美丽；因为哥伦布对大海和探险的满腔热情，才克服了难以想象的艰难险阻，带我们一起感受了巴哈马群岛清新的晨曦；也是凭借着满腔的热情，弥尔顿、莎士比亚才在纸上写下了他们不朽的诗篇。

工作其实就像一座煤山，热情就是火种。用热情去点燃这个煤山，工作就会燃烧起来，并释放出巨大的能量。热情的态度是做任何事的必要条件。任何人只要具备了这个条件，就能获得成功，任何人拥有了热情，都可以创造出奇迹。

热情洋溢的工作态度对职场的影响是巨大的。没有一个人愿意与整天萎靡不振的人交往。同样，没有一个公司愿意招聘一个整天提不起精神的人，更没有一个老板愿意重用一个情绪低落、整日牢骚满腹的员工。和那些在工作上不太如意的人聊一聊，就不难发现他们牢骚满腹、怨天尤人、愤愤不平、寻找借口，这是他们性格上的缺陷造成的麻烦。他们自毁前程、自食其果、无所作为，总是显得格格不入。他们不明白一个基本的职场原则：奖赏只属于那些对工作有热情的人。

热情是实现愿望最有效的工作方式。如果你能够让人们相信，你的愿望确实是你自己想要实现的目标，那么即使你有很多缺点别人也会原谅你。只有那些对自己的愿望有真正热情的人，才有可能把自己的愿望变成美好的现实。

对工作投入100%的热情，比对工作投入100%的智慧更有效率。因为有热情就能激发潜能，有热情就能全身心地投入，有热情就能干劲十足，精力充沛，有热情就能神情专注，有热情任何事都会变得轻而易举，热情让人更自信，热情让人更勤奋，热情让人激情勃发，青春永驻……有时候成功与其说取决于人的才能，不如说取决于人的热情。热情是做好工作的重要支撑，热情是走向成功的必不可少的动力之源。所以，不管你从事什么样的职业，都尽可能多地向工作倾注你的热情吧。只要你对工作付出 100%的热情，你就可以得到 100%的成功。

4. 挥洒汗水，用勤奋主动敲开成功之门

古罗马皇帝奥勒留在临终时给罗马人留下了这样一句遗言："勤奋工作吧！"

一位哲人说：**"世界上能登上金字塔顶的生物只有两种：一种是鹰，一种是蜗牛。不管是天资奇佳的鹰，还是资质平庸的蜗牛，能登上塔尖，极目四望，俯视万里，都离不开两个字——勤奋。"**

一个人的进取与成才，环境、机遇、天赋、学识等外部因素固然重要，但更重要的是依赖于自身的勤奋与努力。缺少勤奋的精神，哪怕是天资奇佳的雄鹰也只能空振双翅；有了勤奋的精神，哪怕是行动迟缓的蜗牛也能雄踞塔顶。只有勤奋是成功永恒的真理，是通向成功的必经之路。

一群年轻人去拜访苏格拉底，询问怎样才能拥有他那般博大精深的学问和智慧。苏格拉底没有正面回答，而是对他们说，你们先回去，每天坚持做 100 个俯卧撑，一个月后再说。这些年轻人都笑了，这还不简单吗？一个月后，这些年轻人又一起来到了苏格拉底面前，苏格拉底询问有多少人做到了每天 100 个俯卧撑，有一大半的年轻人说做到了。好，坚持下去过一个月再说。这时，只有不到一半的年轻人做到了。一年后，苏格拉底问大家："请告诉我，这个简单的动作，有哪几位一直做到了？这

时，只有一个人回答说自己做到了，这个人就是柏拉图，许多年后，他成为了古希腊最著名的哲学家。

只有勤奋是通向成功的必经之路。那些成功者，那些做出了惊天动地大事的伟人，那些忠诚敬业成就卓越的人，都有一个共同的特点，那就是勤奋。从来没有一次成功是不需经过勤奋努力奋斗而得来的，从来没有一个成功者是散漫懒惰的。

美国历史上最伟大的发明家爱迪生，呕心沥血，刻苦钻研，倾其一生于发明创造，共完成了1000多项科学发明。其中最伟大的发明之一，就是电灯炮的发明。为了寻找到优良的材料作灯丝，爱迪生共选用了1600多种耐热材料，进行反复的试验，其结论仍然是失败、失败、再失败。对于一般的人来说，可能早就放弃了这个项目。但是，爱迪生却丝毫没有退缩的想法，他执着的相信，每一次失败，都是获得成功的必要代价，都是通向成功成功巅峰的一个台阶。他坚信自己，只要坚持不懈，最后必定获得成功。于是，就在所有人看来根本不可能成功的时候，爱迪生终于找到了一种可以作灯丝的耐热材料——他成功了！爱迪生的成功发明给全世界带来了光明。

洛克菲勒说过："成功与很多因素有关，但究其原因还是人的勤奋程度不同。"勤奋是没有什么东西可以替代的。罗马诗人贺拉斯有句名言："如果不努力，人就不可能从人生中获得任何东西。"

古罗马人有两座圣殿：一座是勤奋的圣殿，另一座是荣誉的圣殿。他们在安排座位时有一个秩序，就是必须经过前者，才能达到后者。那些试图绕过勤奋，寻找荣誉的人，总是被排斥在荣誉的殿堂之外，因为勤奋是通向荣誉的必经之路。

世界上所有的成功者都有一个共同的特点——勤奋；世界上所有成功者都有一个共同的成功秘诀——离开了勤奋，没有谁能取得成功。

世界著名大提琴师马友友在多少个不眠的夜里，拉断多少根琴弦，终于让大提琴与他融为一体，为乐迷演奏出美妙的音乐；

篮球之神、“飞人”迈克尔·乔丹——一个集优雅、力量、艺术于一身的卓越运动员，他重新定义了NBA超级明星的含义，他是公认的全世界最棒的篮球运动员，不仅仅在他所处的那个时代，即使是在整个NBA历史上，乔丹也是最棒的。他的棒正是来自于他的勤奋，乔丹在训练场时每天都要练几百次投篮，有时累了就睡在篮球场上。凭着不懈的努力，他率领的芝加哥公牛队不断地捧走了一个又一个总冠军奖杯，他自己也成为了“篮球之神”。即使成名以后，依然每天投篮500次，勤练不息；当有人问迈克尔·乔丹“天下打篮球的人这么多，你为什么这么厉害”时，迈克尔·乔丹只说了几个字：“lots of work（花很多时间去做）。”

我国的京剧大师梅兰芳年轻时去拜师学戏，师傅说他生着一双死鱼眼睛，灰暗、呆滞，根本不是学戏的材料，拒不收留。天资的欠缺并没有使梅兰芳灰心，反而促使他更加勤奋。他喂鸽子，每天仰望长空，双眼紧跟着飞翔的鸽子，穷追不舍；他养金鱼，每天俯视水底，双眼紧随着遨游的金鱼，寻踪见影。后来，梅兰芳那双眼睛变得如一汪清澈的秋水，熠熠生辉，脉脉含情，终于成为了世界著名的京剧大师。

还有鲁迅，从小学习就极为刻苦。少年时，鲁迅在江南水师学堂读书。第一学期他成绩优异，学校奖给了他一枚金质奖章。没想到，他马上把奖章卖掉，然后买了几本书，又买了一串红辣椒。每当晚上读书读到寒冷难耐或发困打盹时，他便摘下一颗辣椒，放在嘴里嚼着，直辣得额头冒汗，然后继续学习。求学期间，他一直用这种办法驱寒逐困，坚持读书。由于刻苦读书勤奋求学，他成为了中国现代著名的文学家。

作为一个平凡的人，要达到自己的目标获得成功更需要勤奋，更需要下工夫。

在中国，高考不仅是人生中的一件大事，也是一件难事。早些年，能通过高考的独木桥升上大学已经很不容易，而要被中国最好的大学之一北京大学录取，那就更是难上加难的一件事。所以，考上北大、清华的学生一度被誉为“天之骄子”、“上天的宠儿”，但他们的“得宠”却绝不是上天加给他们的好运气，而是用无数的汗水和心血勤奋苦学才争取到的幸运。毕业于北大、曾因《北大毕业等于 0》而声名鹊起的王文良，就讲述了自己勤奋努力的经过。

王文良在无数的苦难与冒险中度过了他莽撞无知的童年。小学升初中因押对一篇作文而有幸考入了市重点初中，但基础很差。上数学课，他不知道什么叫自然数；上语文课，他既认不得字，也不会查字典，基础的薄弱暴露无遗。周围的同学一个比一个强，面对此景怎么办？从小养成的争强好胜的性格告诉他：办法只有一个——学，拼命地学。

从此，在秋风萧瑟的清晨，他手拿书本在校园里时而朗读，时而默记；在夜色如漆的夜晚，总有一个教室的灯亮着，他在灯下默默地写着、画着，因为他有那么多的疑惑和不解。每天中午休息一个半小时，大家睡觉的睡觉，打球的打球，但他从来没有那种闲情逸致，他永远在补习。

就这样日复一日，月复一月，工夫不负有心人，他的学习有了较大的长进。中学的第一个期中考试他考了全班的第 15 名，班主任看出他的潜力很大，破格让他担任学习委员。他受宠若惊，也感到一种无形的压力，因为他的基础比不上大多数同学，他暗下决心要再加一把劲。

人的潜力很大，大到我们自己有时都不敢相信。他用初中一年级一年的时间，补齐了小学 5 年的课程，学完了初中一年级的全部课程，还学习了很多课外的知识。期末考试，他已排名第二；初中二年级第一学期的期中考试，7门功课得了707分，平均101分(730分为满分)，把第二名甩开近50分。随着取得的一个又一个成绩，他的名声也开始大振，渐露头角，经常参加及参与组织全校性的活动。

上高中几天后他就提出了要考北大、清华、人民大学的目标。后来听同学的姐姐说北大校园比清华还要漂亮几倍，就下定了要考北大的决心。立下了志，但问题来了，他必须以省重点校里成绩最好的同学为竞争对手，市重点同学实力比省重点校的同学要差一些。他必须加大自己的压力，全力拼搏。

夏天，他3点多就起床，先在路灯下看一会儿书，等学校的打更师傅起来再进入教室学习。当时困得十分厉害，站着都能睡着。这时候他就对自己说："文良，你是个有毅力的人，伟大的事业还等着你呢！"然后就到水龙头前冲头，清醒一些后继续学习。他借着这种自我暗示的方法来激励自己，赢得了一些时间，以弥补被大量学生会工作占去的时间。每天起得太早，使他的睡眠严重不足，为此他经常头痛，也经常生病。他说，现在想想，其实自己每天晚起一些，只要提高效率，成效也是一样的。

当时晚上家中经常停电，他就到外面路灯下看书。黑龙江的冬天，晚上的气温在零下20度以下，在屋外站上十几分钟全身就冻透了。但是人总是有办法的，他看一会儿书跑一会儿步，再进屋暖和一会儿，然后再出来看书。

每年的寒假，他就一个人在教室里学习。假期不供暖，他就做好充分准备：里面穿着棉衣，外面再穿上姐姐的棉大衣和哥哥发的军用棉裤，脚穿棉毡袜，外面再穿军用大头鞋，头戴棉帽，外面围上厚厚的围巾，手戴绒手套，外面戴军用大手套。就这样他每天学习十几个小时，一个假期下来，就好像上了几个学期的课一样。

由于严格要求,勤奋不倦和不断反省,他取得了非常大的进步,获得了很多的荣誉,不仅学习十分出色,而且工作、课外活动、各项体育活动都很棒。他说,记得一次开学典礼,他在短短的2个小时内,8次登上主席台,接受转发的省三好学生奖、合江地区优秀学生干部奖、佳木斯市三好学生奖,校三好学生奖,语文竞赛二等奖、俄语竞赛一等奖、滑冰比赛第三名奖。

他就这样一直严格要求自己,勤奋努力,坚持不懈,终于挤过了万千人拥堵的高考独木桥,成为一名北京大学的学生。

没有一番寒彻骨,哪得梅花扑鼻香。成功没有捷径,只有勤奋这条唯一的路,必经的路。

勤奋努力对于成功如此重要,但有的员工却认为勤奋是一种过时的态度,现代社会需要的是头脑和机遇,只要两者兼备便可以轻松获取成功。这种错误的认识让许多人尝到了苦果。要知道不管在什么时代,不管做任何事情,勤奋是必不可少的。

张新是公司一名打字员。整天对着电脑敲字的工作把她的激情早消磨殆尽。平时没资料打的时候她就上网聊天,有时候正聊得上瘾时有文件要打,她就很不高兴地说:哎呀,真是麻烦,这么点东西自己打就好了,还非要拿来……这么多工作要做,工资又不给我加,不公平。有时候快下班了有文件送来要打,张新就更不高兴了,有时甚至干脆不管了,直接下班回家。有一次就因为有份急着要的文件没有打印好,损失了一单大的生意。经理在会上批评了张新,张新为自己据理力争,说是因为到下班时间了,所以才等到第二天来打印的。经理没再说什么。一个星期后,公司就招了新的打字员,张新被炒了鱿鱼。

缺乏勤奋苦干的精神和事业至上意识的人就只有观望他人在事业上不断取得成就,而自己却在闲散和怨恨中消耗生命,甚至失去谋生之本。

但是如果不管做什么工作都勤勤恳恳,积极努力,好运气和好机会就会来临。

山西省著名剧作家、一级导演兼演员王芝兰,她坚信爱迪生的一段名言:“天才就是百分之一的灵感加上百分之九十九的汗水。”当初的王芝兰,虽然只有初中文化基础,只是文工团的一名普通演员,从来没有过写作的经历和特长,更没有电视剧创作基础和经验,可是就在她44岁那年,她忽然决定要想当一名电视剧作家——这是多么的不可思议!认识她的人无不为她的这一简直堪称“胡闹”的决定大吃一惊,连她的家人也极不看好她的决定,甚至有人怀疑她是不是出了什么毛病!

就在大家疑惑不解的时候,王芝兰却利用工作的间隙时间,钻进堆积如山的书籍与资料堆中,没日没夜的苦苦钻研起来。她就像一只极度饥饿的蚂蟥,死死叮住各种各样的成堆成山的书籍和资料,贪婪地、不顾一切地汲取着里面的营养……不久,她的第一部电视剧脚本《边乡春晚》终于脱稿了,而且,由于抓住了时代的脉搏,还很快被正式拍成电视剧,获得行内的一致好评。紧接着,她又利用业余时间,撰写了《关公出世》、《火龙腾飞》和戏曲电视艺术剧《西厢记》等10余部电视连续剧,大部分剧本荣获全国各级奖项。其中,电视戏曲艺术剧《西厢记》获得了国家最高奖项“飞天奖”!同时,她还参与或单独导演过《红军东征》、《三打运城》等10余部电视连续剧,撰写并导演过电视专题片20余部,就在她年近七旬高龄的时候,尽管因为眼疾连做了两次白内障手术,视觉严重受损,她毅然戴着老花镜,艰难的撰写一部50万字的、反映中国商代生活的剧本大型电视连续剧《奴隶宰相》。

常言说:“人过三十不学艺”,而王芝兰以44岁的年龄,却能从零开始起步,一步一个脚印,在常人无法理喻的眼神中,在经历了无数次的艰难曲折后，获得了最终的成功，这一切，都是不惧失败、勇于付出、勤奋努力的结果，是“1%智慧＋99%努力＝成功”的典型案例！

所以说，勤奋努力与时代、与行业、与岗位都没有太大的关系，勤奋努力的工作精神更不会过时，越在当今激烈竞争的时代，越是先进的、高尖的技术行业，越需要这种敬业勤奋的精神。

主动、积极，勤奋、努力，永远是通向成功的不二法门！那么勤奋努力、主动积极起来吧。

5. 努力进取，每天多做一点点

成功从来没有捷径，而是靠一步一个脚印走出来的，是经过长年累月的行动与付出累积起来的。

成功者总是愿意在别人还没起床时他先起床；别人还在休息时他先行动；别人走了一里路，他要走两里路；别人读一本书，他就读两本书；别人工作8小时，他就工作10小时；别人拜访10个顾客，他就拜访15个顾客；别人学过一遍，他就要比你多学一遍。

当他超越了别人之后，下一个就是要超越自己。今天拜访了15个顾客，明天就要多一个；今天读了一小时书，明天他还要多读一小时；今天走了两里路，明天就要比今天再多走一点点；在他每天想休息的时候，他就告诉自己再多做一点点。

美国汽车业有一个推销员，连续好几年都是公司排名第一的推销高手，他每天晚上回到家里的时候，走到房间里，就看到他的书桌前面贴了一句话“今天你还需要再卖一台车才能回家睡觉”。于是，他又跑出去争取再卖一台车。

然而一般人每天不肯多做一点、多付出一点，他总是在想：明天可不可以多睡一会儿？多吃一点点？多休息一会儿？多玩一会儿？少付出一点点？早下班一会儿？钱多赚一点点？这样怎么可能成功呢？

每天多睡一会儿、少做一点点是失败者共有的习惯；每天多做一点点，多付出一点点是成功者共有的特质。成功与失败到底差在哪里？就差在这一点点、一会儿。要想比别人更快地成功，你就必须每天多做这一点点。

率先主动是一种极珍贵、备受看重的素养，它能使人变得更加敏捷，更加积极。无论你是管理者，还是普通职员，“每天多做一点”的工作态度能使你从竞争中脱颖而出。

洛·李尼斯最先为瓦兰特工作时，职务很低，现在已成为瓦兰特的下属一家企业的总裁。之所以能如此快速升迁，秘密就在于推后下班。李尼斯说：“在工作之初，我就注意到，每天下班后，所有的人都回家了，但瓦兰特仍会留在办公室里工作。因此，我决定下班后也留在办公室里。是的，的确没有人要求我这样做，但我认为自己应该留下来，在需要时为瓦兰特先生提供一些帮助。当时瓦兰特先生自己找文件、打印材料，很快他就发现我随时在等待他的召唤，并且逐渐养成招呼我的习惯……”李尼斯这样做获得了报酬吗？没有。但是他获得了更多的机会，使自己赢得了领导的关注，最终获得了提升。

每天提前一会儿上班，别以为没人注意你，领导可是睁大眼睛在瞧着呢。如果能早一点到企业，就说明你十分重视这份工作。每天提前一会儿到达，可以对一天的工作做个规划，当别人还在考虑应该做什么时，你已经走到别人前面了！推后下班，将今天的事情做个彻底干净的了结，将明天要做的事事先做个准备，如此你又先人一步，工作条理更加清晰。

如果你能比分内的工作多做一点，那么，不仅能彰显自己勤奋的美德，而且能提升一种超凡的技巧与能力，使自己具有更强大的生存力量，更轻松地走向成功。

“我常缺勤，可我有才能！”不要妄想用这样的语言应付领导欺骗自己，要知道，再有才能的人不踏实苦干也只会自毁前程。

在一家文化传播公司，有一位高校毕业的年轻人，他很有能力，但他常常缺勤，有时甚至连假都不请就去办自己的私事。他已经工作两年多了，他本来是有机会升职的，但就因为这个毛病，在考虑升职人员的名单里，他的名字一次一次地被划掉。领导并非不准员工请假，作为自然人，谁都难免要生病，作为社会人，有事也同样不能避免。但是一个经常不在岗的员工，谁又敢将大任置于其肩，谁又相信他会担得起大任呢？他升不了职也就理所当然了。

再怎么有能力的员工，如果经常少干一点点，经常不在岗位上，他的才能也不可能得到充分的发挥，装在肚子里晃荡的才能再多再高妙，对于企业又有什么意义？对于成功又有什么意义？有才华不仅需要展示，更需要运用，需要让才华发挥作用有利。所以，不要认为缺勤、不在岗或是每天少做一点点没有关系，“积土成山，风雨兴焉；积水成渊，蛟龙生焉”。多做一点点和少做一点点，天长日久，一样可以达到惊人的后果——只不过是一个越来越优秀，一个越来越平庸。一个积极主动的员工是不会经常缺勤请假的，他只会每天都多做一点点，而绝不会少做一点点。也正是因为每天多做的这一点点，平庸和卓越分得清清楚楚。

6. 享受成功，有付出就一定有回报

你需要付出相当的代价才能让自己变得更强壮，如同你想跑得更快、跳得更高，也都需要付出代价一样。有付出才有回报，有代价才有成功，这是亘古不变的真理。

1992 年，在中关村摆柜台的冯军是当时唯一一个拥有清华大学本科学历却能够放下“脸面”的人，他从最基础的事，从拉平板车送货干起。冯军的生意是从卖机箱和键盘开始的。他卖的

是“小太阳”键盘。“小太阳就是结实，砸在地上也不怕。”随着他的叫卖声，他哗啦一下，把手里的键盘摔地上，于是大家围上来看热闹，他就指着“小太阳”说，“认准小太阳，130 元一个，只赚5 元！”

1993 年，当冯军创立“华旗”时，心底便埋藏着一个成为“中华旗帜”的梦想。在冯军的带领下，爱国者开始大胆地实践，每一小步上都做扎扎实实的文章，比如在国外参展，他们穿的都是唐装——让自己先成为风景。爱国者的标志也改成了“aigo”，原因是人们最容易认知到圆圈，也容易对圆的东西产生好感，例如迪斯尼的卡通形象，嘴巴、耳朵等都采用了圆的处理，这就是现实。人们喜欢圆，就这样，爱国者开始走进了外国人的视野。

有付出就一定有回报，如今，在中关村，提起冯军，还有许多人对当年的“冯五块”记忆犹新；而提起爱国者品牌，则几乎是无人不知无人不晓了，冯军和他的爱国者取得了成功。

有付出才有回报，付出得多得到得多。

有时，你甚至不必比别人多做许多，只需一点，就可以从众人中脱颖而出。

亨利·瑞德出生在美国一个工薪阶层的家庭中，因为兄弟姐妹比较多，他刚高中毕业，便不得不放弃上大学的机会，到一家百货公司去打工。当时，亨利·瑞德每周只能赚 2.8 美元。但是，他不甘心就这样工作下去，努力改变自己的工作境况。

经过几个星期仔细观察后，亨利·瑞德注意到主管每次总要认真检查那些进口商品的账单。由于那些账单用的都是法文和德文，他便开始在每天上班的过程中仔细研究那些账单，并努力钻研、学习与这些商务有关的法文和德文。

有一天，他看到主管十分疲惫和厌倦，于是他就主动要求帮助主管检查。由于他干得实在是太出色了，以后的账单自然就由他接手了。

三个月过后，亨利·瑞德被叫到一间办公室里接受一个部门经理的面试。这个部门经理说：“我在这个行业里干了40年，根据我的观察，你每天都在要求自己不断进步、不断在工作中改变自己，以适应工作要求。从这个公司成立开始，我一直在从事外贸工作，也一直想物色一个像你这样的助手。因为这项工作所涉及的面太广，工作比较繁杂，需要的知识很庞杂，对工作的适应能力要求也特别高。我们一致认为你是一个十分合适的人选，我相信公司的选择没有错。”尽管亨利·瑞德对这项业务一窍不通，但是，他凭着对工作不断钻研、学习的精神，让自己的能力不断提高。半年后，他已经完全胜任这项工作。一年后，他接替了那位经理的工作，成了这个部门的经理。他之所以能如此快速的升迁，就在于他每天驱使自己多做一些工作。

获得成功的秘密在于不遗余力，最大程度的展现自己的工作态度、最大限度地发挥你的天赋，打造自己的品牌，让自身不断升值从而收获自己的成功。

广东千叶松总裁何爱辉也是一个主动付出、舍得付出从而收获成功享受成功的榜样。

何爱辉有一件至今仍让客户、员工津津乐道的故事。故事发生在他骑摩托车送货的时期。那一年的夏天，深圳刮起了七级台风，风雨交加，他却和客户约定了要送货到东莞，路上需要骑两个半小时的车。

狂风不时夹杂着阵雨，肆虐着整座城市，所有人都劝他不要去了，但是他说：“我答应了，就一定要做到，我会注意骑慢一点的。”说完，就把几桶油漆绑在摩托车后座上，穿着雨衣出发了。

何爱辉视对客户的承诺比自己的性命还重要，宁可冒着生命危险送货。虽然风吹得他和摩托车东摇西晃，雨淋得他全身又湿又冷，连握车把的手都麻了，他还是没有回头。到了客户那儿，他首先注意的不是自己，而是怕雨鞋会弄湿办公室地板，进门前还先换上干爽的鞋。

客户被他的诚信所感动，握着他冰冷的手，连声说着“谢谢”。

对于从千叶松出去的产品，何爱辉都抱着负责到底的信念，他说：“我要做到让客户买我们的产品‘零风险’，不管有什么问题，我们100％负责，这是‘千叶松’成为品牌的保证。”

有一次，何爱辉接到客户怒气冲冲的电话，说他们订购的白色藤器漆颜色不对，可是工人没有对板，就喷上漆，那一批货被退回来，全部5000个藤篮都得返工。何爱辉听完，立刻说：“好，这是我们的问题，我再赔20桶油漆给你。”

这个事件虽然是因为千叶松生产的油漆颜色与客户的要求有些微色差所引起的，但是客户没有对板就喷漆，在作业程序上也有问题，理应各负一半责任，但是何爱辉却不作任何辩解，就一肩将责任扛起，舍得付出，不计得失，得到的，却是客户永久的信任和合作。

何爱辉就这样一点一点地铸就了自己的个人品牌，在涂料行业，人们一听到何爱辉这个名字，就有信任感，就愿意与他合作。现在的千叶松，已经成为知名品牌了。

付出多少，得到多少。也许你的投入无法立刻得到相应的回报，也不要气馁，应该一如既往地多付出一点。回报可能会在不经意间，以出人意料的方式出现，但是请你相信，回报一定会来，只要你努力了、付出了，你就一定可以享受到辉煌的成功。

第五章　主动竞争，敢于挑战一切

竞争是职场的常态，无时不在，无处不在，因为没有竞争就没有压力，没有竞争就没有动力，竞争使人进步，竞争促进成功。主动竞争，勇于挑战，更能激发自己的潜力，更容易成功。

1. 竞争无时不在，无处不在

竞争是职场生活的常态,也是社会生活的常态:与对手之间有竞争,与同事之间有竞争,与朋友之间也有竞争,竞争无处不在,无时不在。没有竞争就没有压力,没有竞争就没有动力,竞争让人进步,竞争促进成功。

在辽阔的非洲大草原上,当黎明的曙光刚刚,一只羚羊从梦中猛然惊醒。

“赶快跑!”它想,“如果慢了,就可能被狮子吃掉!”于是,起身就跑,向着太阳飞奔而去。

就在羚羊醒来的同时,一只狮子也惊醒了。

“赶快跑!”它想,“如果慢了,就可能会被饿死!”于是,起身就跑,也向着太阳飞奔而去。

这就是自然界的竞争。一个是兽中之王,一个是食草的羚羊,等级差异,实力悬殊,但面临着的是同一个问题:为生存而竞争!

这就是自然界的竞争法则,正是这种没有退路的竞争,把狮子造就成了最强壮凶悍的食肉动物,把羚羊培养成了最敏捷善跑的食草动物。适者生存的自然法则淘汰的不是羚羊或狮子,而是羚羊和狮子中不能适应竞争环境的弱者。所以,**竞争的过程表面看是淘汰对手的过程,实质上则是不断克服自身缺陷的过程,是使自己变得更加强壮的过程。**正因为如此,竞争才成为一个常态,因为没有竞争就没有进步,没有竞争就会让人身处安逸,不思进取,最终被淘汰。所以竞争是好事,是动力。

国外一家森林公园养殖几百只梅花鹿,尽管环境幽静,水草丰美,又没有天敌,而几年以后,鹿群非但没有发展,反而病的病,死的死,竟然出现了负增长。后来他们买来几只狼放置在公园里,在狼的追赶捕食下,鹿群只得紧张地奔跑以逃命。这样一来,除了老弱病残者被狼捕食以外,其他鹿的体质日益增强,数量也迅速地增长。

人天生有种惰性，没有竞争就会固步自封，躺在功劳簿上睡大觉。竞争对手就如追赶梅花鹿的狼，时刻让梅花鹿清楚狼的位置和同伴的位置。跑在前面的梅花鹿可以得到更好的食物，跑在最后的梅花鹿就成了狼的食物。

竞争是社会和自然界的普遍法则，优胜劣汰是普遍的规律。竞争还能促进种群的繁荣，促进物种的进化，反之，没有竞争，物种还会退化甚至消亡。可见，没有竞争就没有物种的进化，没有竞争也就没有社会的进步。

一位动物学家在考察生活于非洲奥兰治河两岸的动物时，注意到河东岸和河西岸的羚羊大不一样，前者繁殖能力比后者更强，而且奔跑速度每分钟要快 13 米。他感到十分奇怪，既然环境和食物都相同，差别何以如此之大呢?

为了解开这个谜，动物学家和当地动物保护协会进行了一项实验:在河两岸分别捉 10 只羚羊送到对岸生活。结果送到西岸的羚羊繁殖到了 14 只，而送到东岸的羚羊只剩下 3 只，另外 7 只被狼吃掉了。谜底终于揭开了，原来东岸的羚羊之所以身体强健是因为它们附近居住着一群狼，这使得羚羊天天处在“竞争氛围”之中。为了生存下去，它们变得越来越有战斗力。而西岸的羚羊长得弱不禁风，恰恰就是因为缺少天敌，没有竞争，没有生存压力，也就没有了战斗的动力。

自然存在竞争，社会需要竞争。今天的社会就是充满激烈竞争的社会。竞争无处不在，竞争无可避免，竞争是自然的常态，是人生的常态，更是职场的常态!

2. 有竞争才有压力，有压力就有动力

竞争意味着求新，意味着突破，意味着活力，意味着发展。有竞争就有压力，有压力才有动力，有动力就能进取，有进取才有进步;没有竞争则必然会产生退步。

我们都知道一个叫做“鲇鱼效应”的著名案例：

挪威人喜欢吃沙丁鱼，尤其是活鱼。市场上活沙丁鱼的价格要比死鱼高许多，所以渔民总是千方百计地想法让沙丁鱼活着回到渔港。可是虽然经过种种努力，绝大部分沙丁鱼还是在中途因窒息而死亡。但却有一条渔船总能让大部分沙丁鱼活着回到渔港。船长严格保守着秘密。直到船长去世，谜底才揭开。原来是船长在装满沙丁鱼的鱼槽里放进了一条以沙丁鱼为主要食物的鲇鱼。鲇鱼进入鱼槽后，由于环境陌生，便四处游动。沙丁鱼见了鲶鱼十分紧张，左冲右突，四处躲避，加速游动。这样一来，就增强了生存能力，于是一条条沙丁鱼活蹦乱跳地回到了渔港。

可见，竞争能有效地促进物种的活力。职场也是一样，职场需要竞争，竞争能带来活力，让员工更有创造力，也让员工更有进取心和好胜心。所以，一入职场，便无可选择地要面对竞争。竞争能力就成为立足职场的一个重要的能力了——缺少竞争能力，只能被别人挤出局，惨遭淘汰。

竞争的结局尽管并不一定给每个参与者都带来好运，但它确实能充分挖掘每个留下者的潜能，使每一个人都在竞争中进步。如果没有竞争，无论人还是动物，其机能都会退化。

有一个动物园为了恢复长期圈养的狮子的野性，把它们放养到草地上，不再投放肉食，而是放入若干活山羊。结果，狮子看见活蹦乱跳的山羊竟不知如何是好，步步后退。狮子野性的丧失缘于圈养条件下竞争环境的消失。

满足于现状是不求进取的开始。没有竞争，则没有进取之心，不再担心失业，不再担心业绩比同事差而被淘汰。久而久之，必生懈怠之心，最终成为一个碌碌无为之人。

生于忧患，死于安乐。这是先人孟子告诉我们的千古哲理。没有了对手和较量，没有了危机和竞争，任何事物都会因松懈而倦怠，从而走向颓废甚至灭亡。

一个参加过二战的英国老兵去日本旅游,看到3个日本孩子在玩一种叫"生存"的游戏,一张一张卡片上分别有虎、狼、狗、羊、鸡、猎人等图案,三个孩子各执一副。游戏规则是:虎能通吃,但两个猎人可以打死一只虎;一个猎人可以打死一只狼,但两只狼可以吃掉一个猎人;虎和狼都被消灭后,一只羊能吃掉一只狗。他大惑不解,怎么会有这样的逻辑?日本孩子的回答是:"虎和狼都没了,狗就会处在放松状态,这时,不但羊能吃掉它,两只鸡也能将它消灭。"

这是一个日本故事。在中国,这样的实例也非常多。在草原上,牧民所驯养的羊经常被狼吃掉。基于此,牧民就想尽办法,绞尽脑汁把草原上的狼除掉,原以为可以安心地过日子,可是羊群却变得老弱病残。相反,一些野生羚羊或鹿为了逃难,长期奔跑,不仅使它们拥有了强健的身体,而且也躲避了狼的捕杀。显然,有无对手带来的结果是截然不同。

1996年世界爱鸟日那一天,芬兰维多利亚国家公园应广大市民的要求,放飞了一只在笼子里关了4年的秃鹰。事过三日,当那些爱鸟者们还在为自己的善举津津乐道之时,一位游客在距公园不远的一片小树林里发现了那只秃鹰的尸体,解剖发现,秃鹰死于饥饿。

秃鹰本来是一种十分凶悍的鸟,甚至可与美洲豹争食。然而,由于这只秃鹰在笼子里关得时间太久,养尊处优,远离了竞争的天敌,结果丧失了野外捕食求生的起码能力。

这些动物的故事只证明了一个道理:没有竞争就没有压力,没有压力就没有动力,没有动力就难以进步!人是高级动物,当然也逃不脱这一自然法则。人们总是有很多美好的愿景:如果不用高考就可以上大学多好呀!如果天天玩乐不用工作就可以挣到很多钱该多好呀!如果没有他,我就是第一名了,等等。但是,现实的状况往往跟"梦想"不同。于是,有的人遇到压力就从此不断的抱怨别人,不断想象自己的美好愿景;而有的人则会调整心态,寻找方法,积极的去面对,去竞争。结果当然就不同:经常抱怨的人，最终得到的是抱怨和失败；而积极去面对的人，最终得到的必定是成功。不论是人生，是商战或是职场，都是如此。

可口可乐和百事可乐一百多年来的品牌之争，也算得上是对“有竞争才有进步”的另一种注脚。

> 可口可乐公司发明了一种叫可乐的饮料，缔造了可乐行业，并且引领这个行业120多年的历史，其“正宗的可乐”的定位让所有竞争对手望尘莫及。其最大的竞争对手百事可乐公司也有100多年的历史了，在上世纪20年代曾经破产被收购，因其低价策略曾被喻为“低下阶层的饮品”，销售远不如可口可乐。为了扭转这种局面，百事开始重新定位——年轻人的选择！并且请大量的当红年轻名人代言广告，从此改变了竞争格局。到上世纪90年代，百事可乐的销量终于超过可口可乐，成为可乐行业的新霸主。

试想，如果没有可口可乐这个强大的竞争对手，能有今天百事的辉煌吗？

没有了虎和狼，羊都能吃掉狗；没有了狼，羊群就会变得老弱病残；没有强大的可口可乐，也成就不了今天的百事可乐。因此，我们应该感谢我们的竞争对手，感谢给我们压力的人，也要感谢我们的敌人！没有他们，我们就不可能快速的成长；没有他们，我们就不会变得这么强大；没有他们，我们就像温室的小草，经不起风吹雨打！

竞争可以克服惰性，促进竞争个体的进步和发展。竞争就像一块磨刀石，员工的技能水平与创新能力在不断的磨炼中提高；竞争让人们满怀希望，朝气蓬勃。竞争给我们以直接现实的追求目标，赋予我们压力和动力，能最大限度地激发我们的潜能，提高学习和工作的效率；使我们在竞争、比较中，客观地评价自己，发现自己的局限性，提高自己的水平；能让团队和集体更富有生气，让我们的生活和工作更有乐趣。有竞争才有进步，有竞争才有未来！

3. 主动竞争，敢于面对任何困难

只有敢于竞争、主动竞争的员工，才是最优秀的员工；只有勇于竞争、敢于胜利的团队，才是最卓越的团队。

不能埋怨竞争的残酷，因为竞争不可避免，它是必然要发生的。面对竞争，我们要做的，就是面对它，迎接它，打败它！真正的勇士，永远不会害怕上场；真正优秀的人，也绝不会害怕竞争！

20 世纪 70 年代，在房地产经营方面，李嘉诚遇到了一个强大的对手，这个对手就是英资地产巨头置地公司。但李嘉诚却并不害怕，他通过一系列的准备，一举战胜置地获得成功。当时，李嘉诚提出赶超置地的远大目标，许多人持怀疑态度。他们认为，置地公司是香港呼声最高的房地产巨头，实力雄厚，被誉为“三级超升”，李嘉诚要与之竞争，不免有点过于狂妄。而且在今天，百亿身家的超级巨富，90％是地产商或兼营地产的商人，但在当时房地产不是人人看好的行业。而李嘉诚以独到的慧眼，洞察到地产业的巨大潜质和广阔前景。

李嘉诚认为，在经营房地产的过程中，资金和策略具有同等重要的地位。作为一个有远见和胆识的企业家，李嘉诚并不缺少策略，但在资金上却有所不足。他并没有就此在地产业上止步，而是马不停蹄，再创佳绩。当时，香港股市风险很大，李嘉诚又冒着可能破产的风险，先后发行了近 2000 万股股票，筹集了两亿多元资金，组建了“都市地产”公司，与“新鸿基”、“亨隆”等集团公司实行联营，买入港岛湾仔旁美英烟厂旧址，兴建大厦后，迅速脱手后获利亿元。后来，他又与加拿大财团联营兴建高级住宅。

经过不断的发展，到了 1987 年，“长江”已拥有房屋 1500 万平方英尺，而“置地”仅有 1300 万平方英尺。“长江”不仅赶上了

“置地”，而且还超过了“置地”。所有的这些成功都是靠李嘉诚斗智斗勇的策略，才使他与他的长江在香港占据了举足轻重、不可动摇的地位。

竞争是美丽的，也是残酷的！到底是美丽的，还是残酷的，要看你如何去面对它。有的人通过自己的努力，战胜了竞争对手，尝到了成功的喜悦，他会告诉你——竞争是美丽的。有的人不相信自己的实力，过分自卑，他会告诉你——竞争是残酷的。勇于面对竞争是战胜一切困难的最好方法，如果只是一味地逃避，你永远都不会取得胜利。竞争是激励前进的最好动力。通过竞争，可以让你更加清楚地认识这个世界；可以让你更加确定自己的实力；竞争可以让你变得更加成熟稳重；竞争可以让你战胜一切困难，勇往直前。

所以，面对竞争，一定要有大无畏的精神，要勇于竞争，敢于竞争，更多的时候，更要主动去竞争，积极去争取，才能有更多的机会。相反，在职场，过于谦让会让你失去机会。

某公司在人才市场举行广告策划、文化传播、市场营销专场人才招聘会。前去应聘的刘珊是学市场营销的，她在人才市场看中了一家广告文化传播公司。

当时来这家公司应聘的人很多，而留给应聘者的座位只有一个，刘珊见一些应试者远道而来，便主动让出座位，让他们先面试。等到她面试时，那家公司的负责人对她的情况虽比较满意，但认为她过于谦让，无法适应激烈的市场竞争，决定不予聘用。

刘珊对招聘单位如此用人观困惑不已。招聘公司的这位负责人解释说：“谦逊礼让的确是传统美德，但要看场合而定，面对激烈的市场竞争，公司更需要锐意进取的员工。这次公司招募的人才将到广西开拓市场，如果过于谦让，将会失去市场良机。”

好心给别人让座，就被认为缺乏竞争意识，显然有点极端，但却可以充分证明，现在的企业不欢迎竞争意识缺乏、不主动竞争的人。

日本企业家松下幸之助强调，一个员工具有强烈的竞争意识才能彻底发挥潜力。因此，他的松下公司很注重培训员工的竞争意识，为公司里的发展造就竞争强人。

比尔·盖茨是一个竞争意识非常强烈的人，是一个可怕的竞争对手，他一定要赢得每一场竞争。他对竞争也直言不讳，经常在公共场合提到要击垮竞争对手。

在巨大的成功面前，比尔·盖茨没有考虑如何享受人生，他时时提醒自己要奋发图强，不要居功自傲，只有不断探索，才能永远处于领先地位。他热爱自己的事业，并且刻苦工作。他经常告诫他的部下要有强烈的竞争意识，敢于面对对手的挑战。

人类自古至今，总是生活在各种各样的竞争之中，如果缺乏竞争意识，自然就不会有奋斗和进取的动力。这样的人，逃不过平庸和被淘汰的命运。要知道，未来永远属于具有竞争意识，敢于竞争、主动竞争、善于竞争的人。

4. 勇于挑战，没有什么不可能

在竞争激烈的社会中，工作犹如逆水行舟，不进则退，任何倦怠与逃避都有可能使你丧失前进的动力，这样的消极行为积累日久，最终会导致你在职场上的失败。

要想在工作上获得顺利、在事业上取得成功，必须绷紧一根弦，即勇于挑战，不要惧怕任何压力与困难。而事实上，只有顶住压力、迎难而上，才会有成功的可能。任何逃避困难，在困难面前停步不前的做法都是不可取的。

那些在事业上获得巨大成就的人，其成就无一不是在困难面前苦守、敢于挑战的结果。他们不被接连不断的挫折与困难所压倒，反而变得更加坚强，显示出坚定不移向着既定目标前进的英勇气概。

张杰是一家文化传媒公司的总经理。他刚到公司的时候，从事的是广告业务员的工作。他的上司是一位十分能干的人。一日，这位上司找到张杰，对他说："你非常优秀，我相信你能够变得更加优秀。有一件事我希望你能同意，以后将对你的薪金做出调整，我的意思是说，以后你的底薪没有了，只按广告费抽取佣金，当然抽取的比例要比以前更大。"显然，这给张杰带来了一定的压力，而且对于张杰当时的生活情况来说，无异于给他出了一个大大的难题。但张杰知道上司这样做自然有他的道理。何况这也是给自己一个锻炼的机会，张杰决定接受这个挑战。

张杰马上开始了新一轮的工作。他列出一份名单，准备去拜访一些不好对付但十分重要的客户，而且他给自己定下了两个月的期限。其他业务员认为要想争取到这些客户无异于天方夜谭，而张杰却满怀信心地一一拜访。

第一天，他以自己的努力和智慧与10个"不可能的"客户中的两个谈成了交易。在第一个月的其他几天里，他又成交了两笔交易。到了月底，10个客户中只有一个还没签他的广告。同事们都认为张杰已经算是大功告成了，至于剩下的那个"难缠的老头儿"，已经没必要再在他身上浪费时间了，但张杰依然没有放弃。第二个月，张杰一边发掘新客户，一边锲而不舍地说服那位老人。每天清晨，那位老人一开商店的大门，张杰就进去和他谈广告的事情，而那位老人总是回答："不！"。

第二个月就要过去了，这一天张杰又来到了老人的商店，这位老人的口气缓和了许多："你已经浪费了两个月的时间在我身上，我现在想知道的是，你为什么要这样做？"

"我并没有浪费时间，和你打交道本身就是一种收获，即使你不签我们公司的广告，我也从你身上锻炼了自己克服困难的意志。"

那位老人笑了："年轻人，你很聪明，也十分踏实肯干，我相信拥有你这样员工的公司一定是一家优秀的公司，我决定签一个广告版面。”

勇于向“不可能”的任务挑战，是一个人事业成功的基础。不敢向高难度的工作挑战，是对自己的潜能画地为牢，最终只能使自己无限的潜能化为有限的成就。敢于挑战、不怕竞争的人，心中永远没有“不可能”三个字，他们信奉是“一切皆有可能”这样箴言。要使你的工作卓有成效，人生更为精彩，敢于挑战困难才是最好的选择。

如今享誉全球的麦当劳公司就是在莫里斯·麦当劳和查特·麦当劳两兄弟不向困难屈服，敢于向“不可能”挑战的精神中诞生的。

20世纪20年代，这对“不安分”的麦当劳兄弟毅然告别乡村老家，勇闯美国著名影城好莱坞。

1937年，历经多次挫折的兄弟二人，抱着永不服输的念头，借钱开办了全美第一家“汽车餐厅”，由餐厅服务员直接把三明治和饮料等送到车上——也就是说，麦当劳兄弟二人最初办的是路边餐馆，定位于服务到车、方便乘客的这种经营方式。

由于形式独特，用餐方便，餐厅很快一炮打响，一时间他们的“汽车餐厅”在当地独领风骚。后来人们纷纷效仿，办“汽车餐厅”的人日益增多，麦当劳兄弟的生意大不如初，而且每况愈下。

在激烈的竞争面前，麦当劳兄弟没有丝毫的退缩、沮丧和消沉，而是继续冥思苦想着再一次勇敢超越自己的良策。他们摒弃了原有的“汽车餐厅”的服务理念，转而在“快”字上大做文章，打出了“想吃花哨和高档的请到别处去，想吃简单实惠和快捷的请到我这儿来”的全新经营理念、吸引了千千万万的顾客蜂拥而至，从而一举获胜。

但是兄弟二人并没有满足于现状，而是继续敢想敢干，敢在“冒尖”和“出奇”上制胜。比如后来陆续推出使用小纸盘、纸袋等一次性餐具，进行了厨房自动化的革命等一系列措施来不断迎接新的挑战。

正是因为麦当劳兄弟有了这种不断战胜和超越自我的决心和勇气，并将这种决心和勇气付诸于实践当中，才使得他们把在一般人眼里已经很好或根本不可能的事，彻底推翻或改写，从而一步步迈向快餐业霸主的地位。

“职场懦夫”永远不要奢望得到老板的青睐。如果你羡慕别人的晋升，那么，你一定要明白，他们的成功绝不是偶然的。在复杂且竞争激烈的职场中，正是秉持勇于“挑战不可能完成的工作”这一原则，他们磨砺生存的利器，不断力争上游，才在众多的竞争者中脱颖而出。

2001年5月20日，美国一位名叫乔治·赫伯特的推销员，成功地把一把斧子推销给了小布什总统。布鲁金斯学会得知这一消息，把刻有“最伟大的推销员”的一只金靴子赠予了他。这是自1975年该学会的一名学员成功地把一台微型录音机卖给尼克松以来，又一学员登上了如此高的门槛。

布鲁金斯学会创建于1927年，以培养世界上最杰出的推销员著称于世。它有一个传统，在每期学员毕业时，设计一道最能体现推销员能力的实习题，让学员去完成。在克林顿当政期间，他们出了这么一道题：请把一条三角裤推销给现任总统。8年间，有无数学员为此绞尽脑汁，可是，最后都无功而返。克林顿卸任后，布鲁金斯学会把题目换成了“请把一把斧子推销给小布什总统”。

鉴于前8年的失败和教训，许多学员知难而退。个别学员甚至认为，这道毕业实习题会和克林顿当政期间的那道题一样毫无结果，因为现任的总统什么都不缺少，再说即使缺少，也用不着他亲自购买，再退一步说，即使他亲自购买，也不一定正赶上你去推销的时候。

然而乔治·赫伯特却做到了，并且没有花多少工夫。一位记者在采访他的时候，他是这样说的：“我认为，把一把斧子推销给小布什总统是完全可能的。因为，布什总统在得克萨斯州有一农场，那里长着许多树。于是我给他写了一封信，说：‘有一次，我有幸参观了您的农场，发现那里长着许多矢车菊树，有些已经死掉，木质也已经变得松软。我想，您一定需要一把小斧头，但是从您现在的体质来看，这种小斧头显然太轻，因此您仍然需要一把不甚锋利的老斧头。现在我这儿正好有一把这样的斧头，它是我祖父留给我的，很适合砍伐枯树。假若您有兴趣，请按这封信所留的信箱，给予回复……’最后他就给我汇来了15美元。”

乔治·赫伯特成功后，布鲁金斯学会在表彰他的时候说：金靴子奖已空置了26年。26年间，布鲁金斯学会培养了数以万计的推销员，造就了数以百计的百万富翁，这只金靴子之所以没有授予他们，是因为我们一直想寻找这么一个人：**这个人从不因有人说某一目标不能实现而放弃，从不因某件事情难以办到而不去寻找方法。**

其实，很多看似“不可能”的任务，困难只是被人为地夸大了。当你冷静分析、耐心梳理，把它“普通化”后，你常常可以想出很多有条理的解决方案。

因此，当你接手一项颇具挑战性的任务时，一定要马上行动，不能犹豫。很多事情并不像你想的那样困难，你可能会很顺利地就做完了。即使第一次没做好，你也不要被恐惧吓倒。同样要积极地行动起来。你可以认真分析一下问题的关键所在，看看自己做的是否符合上司、老板和公司的要求，是否对公司很重要，如果你找不出解决问题的方法，可以与同事讨论或向上司请教，赢得他们的支持和帮助，然后再去做。

如果任务确实有难度，你还可以将它细分成容易执行的几个小任务，各个击破，一步一步地完成。当你始终处于行动的状态中时，你就不会感到恐惧的存在，因为任务的难度已经在你的积极行动中降低了。

聪明睿智的老板一定是注重结果的人，他比任何人都明白，那些胆怯观望者们永远也不可能得到自己的认可，而那些敢于向困难向结果挑战的人，才具备走向成功的资本。

5. 要竞争不要嫉妒，嫉妒会让竞争变味

竞争是残酷的,不论是自然界的竞争、动物的竞争、人类的竞争。竞争是最无情,最六亲不认的一种形式。所以竞争会让人的心理压力无限增大,使人产生一些过激的想法和心理。嫉妒就是竞争中这些心理最明显的一种表现。

有一位著名漫画家画过一幅《武大郎开店》的漫画。画中的武大郎本以卖烧饼为业,后竟在改革的浪潮中时来运转,当上了一家旅店的掌柜。令人不解的是一贯忠厚老实的武大郎,自从掌了"旅店掌柜"那么一丁点儿"权",便立刻扮演起嫉贤妒能的角色。店里的伙计那是"比他个儿高的一律不要,店里的客人是比他个儿高的一律不准住!"

武大郎不嫉妒比他有本事比他富裕的人,他嫉妒的是比他高的人。

嫉妒往往包含功利的计较。即使对某些精神价值,嫉妒者所看重的也只是它们可能给拥有者带来的实际好处。例如,学问和才华带来的名利。嫉贤妒能的实质是嫉名妒利,一辈子怀才不遇的倒霉蛋是不会有人去嫉妒的。遭嫉的大多是那些春风得意或才高八斗或貌美如花或富可敌国的人。我国浪漫主义的大诗人屈原就是因为才高而遭嫉妒的。

嫉妒发生,与时间和空间的距离成反比。我们极容易嫉妒近在眼前的人,但不会嫉妒古人或遥远的陌生人。比如一个渴望往上爬的小职员并不嫉妒某个美国人一夜之间登上了总统宝座,对他的同事晋升科长却耿耿于怀;一个财迷并不嫉妒世上许多亿万富翁,见他的邻居发了小财却寝食不安;一个爱出风头的作家并不嫉妒曹雪芹和莎士比亚,反而会因他的朋友一举成名却愤愤不平。

嫉妒是腐蚀心灵的一种强烈的情绪,是心灵的地狱,甚至能让人变成魔鬼。这样的例子比比皆是。

《三国演义》里,曹操手下有位主簿杨修,聪明过人,每每猜

破曹操心计,曹操虽然表面上称赞他,心里非常嫉恨。一次,曹操令人建一个花园,完工后曹操前去观看,未下评语,只在门上写了一个"活"字而去。众人不解,杨修说:"门"内添"活"不是"阔"字吗?丞相嫌门太阔了。还有一次,塞北送来一盒点心,曹操在上面写了"一盒酥"三个字,杨修见后,竟折盒与大家分而食之。后曹操问其故,杨修说:一盒酥,不是一人一口酥吗?综合杨修先后数次猜中曹操的心思,犯了曹操的大忌,让曹操更加嫉恨他。

后来,曹操领军进攻汉中,相持日久而不能下。一日,夏侯敦进帐问曹操夜行口令,曹操随口说"鸡肋"。杨修知道后,令随行人员收拾行囊,准备撤军。曹操正是抓住此事,以扰乱军心罪将杨修斩首。

就是在现代,因嫉而杀人放火的事情也屡见不鲜。

四川郫县一饭馆老板 36 岁的王家成因嫉妒竞争对手抢了自己的生意,竟然使出投毒搞垮对方的伎俩,幸好发现及时没有引发惨剧。

王家成系郫县安靖镇农民,在犀浦镇开了一家小饭馆,生意还算红火。可没多久,钟某在街对面也开了一家小饭馆,抢了不少生意过去,于是两家饭馆开始了竞争。渐渐地,王家成的饭馆生意越来越差,眼见对面饭馆顾客盈门,王家成便想出了给钟某饭馆投毒,毒死人来搞垮他生意的馊主意。

嫉妒是心灵的地狱。嫉妒的人不惜牺牲自己也不让别人得到一丝好处,有时甚至还会伤害别人以消泄自己的嫉妒之火,这样看来,嫉妒,真是一种恶毒又卑鄙的心态,正直的人一定要尽力克服。

职场中这样的人也不在少数。今天担心谁的业绩超过了我,明天担心谁走在自己前头,谁打扮得比自己漂亮,谁更得老板的宠爱和信任。和客户见面都躲躲闪闪,有好的资料也会急忙藏着掖着,生怕与人共享后别人会超过自己。内心紧张,压抑,不愿与人交流,表面还要装出一副毫不在乎,轻松愉快的样子。这样的人实际上是自找苦吃,自寻烦恼,是生活中的可怜虫。

嫉妒是一种极恶的心态,因而我们要努力克服它,让自己以实力取得竞争的胜利,而不是用嫉妒心来打击报复。所以我们要做的是远离嫉妒,抛开嫉妒,学会竞争,让竞争纯粹起来。

首先要认识竞争。对于每个人来说,竞争促使人们满怀希望,朝气蓬勃,充分调动生理和体力上的潜能,不断取得精神上和心理上的满足。我们知道,有竞争,就会有输赢,就会产生成功者和失败者。失败会带来焦虑和沮丧,在挫折面前应该理智,自觉进行情绪调控,摆脱负性情绪,迅速转移心境,可以用听音乐、打球、跳舞、下棋等活动转移和宣泄心理压力。

其次,要勇于竞争。展示你最优秀的一面,以强烈的自信心面对和参与竞争。你要想在竞争中取胜首先要相信自己的才能,同时也只有充分借助你的最优秀的才华,才能在竞争中取胜。让同事和老板了解你的才能,你就能得到更多的机会。

第三,要远离嫉妒。拥有一颗宽容的心,让嫉妒离你远远的。其实,一个人不可能每次都一定能在竞争中取胜。在失败的时候试着让自己拥有一颗宽容的心,远离嫉妒,让心绪变得平和,使自己能理解别人,这也是竞争中的一个重要原则。理解、包容自己的对手,看淡结果的得与失,那么你的心,会因着这份平和而充满着宁静和宽容。这样,在面对你的竞争对手的时候,你也可以微笑着迎接新的挑战了。胜利了,赢得辉煌;失败了,同样美丽。实际上,在竞争中取胜的最好办法就是在平时提高自己的竞争意识,要知道竞争是无处不在、无时不在的。但是,如果你能做到在学习和工作上精益求精、人际关系和谐,在人群中脱颖而出的你根本不必去同别人竞争什么了。因为,你的表现已经证明你是最棒的。

竞争和嫉妒都不可怕,关键是摆正心态。竞争时用自己的实力公平竞争,失意时能奋发图强,以待来日。就是有了嫉妒之心也并不可怕,关键要看你能不能正视嫉妒。如果能把嫉妒转化为成功的动力,化消极为积极,往往会使你赶上甚至超过别人。当我们有很多事情要做时,我们就无暇去嫉妒别人,嫉妒的毒素就不会孳生、蔓延。

第六章　主动合作，和团队一起成功

现在是一个合作的时代，一个团队的时代，没有人能够独自成功；唱独角戏，当独行侠，早已是过往烟云。只有主动合作、善于合作，运用合力才能更充分地发挥个人的才能，才更容易取得成功。所以，合作不仅是时代对我们的要求，更是一种适应时代的能力，一种体察环境的睿明，更是一种大气磅礴的工作智慧。

1. 团结就是力量，合作才能取胜

一位老人身患重病，上帝留给他的时间已经不多了。在临终前他把三个儿子叫到了床前，他手中拿着一根筷子对三个儿子说："孩子们，有谁可以把这根筷子折断？"

老大接过筷子，轻轻一用力，筷子"啪"地一声就被折断了。

老人又拿起了两根筷子说："这个你们谁来试试？"

老二接过爸爸手中的两根筷子，稍一用力筷子就被折断了。

老人拿出了三根筷子对他的三儿子说："老三，这个你来试试吧！"

老三接过爸爸手中的筷子，一用力筷子也被折断了。

等老三折断筷子后，老人拿出了一把筷子说："你们再试试这个？"

老大接过了爸爸手中的一把筷子，用尽了全身的力量也没有将筷子折断，他说："我的力气没有老二的力气大，老二你来试试吧！"

老二也没能把筷子折断，他把筷子交给了老三，结果还是一样，没有人能把这一把筷子折断。

老人看了看三个儿子对他们说："孩子们，这就是团结的力量，你们一定要团结，让手足情意把你们拧成一根绳，这样，任何人和所有困难都打不倒你们。"

没过多久，这位老人离开了人世，三个儿子在整理爸爸的遗物时，发现了他留下的一大笔遗产，与此同时也招来了很多麻烦，有个债主要扣留遗产，还有一个邻居要为土地和他们打官司。

一开始，三个兄弟还能在一起协商处理事情，但过了一段时间后，他们就因为所获得的利益产生了纠纷。三个兄弟开始互相算计对方，他们的财产都被债主和邻居占去了。这时候，三兄弟才终于明白父亲的话，他们不再吵闹，不再争斗，而是紧紧地团结起来，通力合作，各自发挥所长，终于夺回了自己的财产，过起了幸福的生活。

这是一个古老的故事，其中蕴含的哲理却从来没有因为故事的久远而削减——团结就是力量，合作才能得胜！

这样的道理在今天显得更为重要。今天的时代是市场经济时代，市场经济是广泛交往的经济，离不开与各种类型的人合作；今天的时代是竞争的时代，只有选择合作，才能成为最具竞争力的一族；今天的时代是全球一体化的时代，想要在国际化的经济中立足，更需要高超的合作能力。没有合作能力，就不可能适应这个时代。

作为经济大潮主力军的广大员工，更需要有超强的合作能力，积极主动地合作，才能有自己的立身之地。我们已经进入一个合作的时代，一个团队的时代，没有人能够独自成功，唱独角戏，当独行侠，早已是过往烟云。俗话说得好“双拳难敌四手”、“三个臭皮匠，顶个诸葛亮”。只有运用合力，善于合作，充分发挥自己的才能，有效利用别人的力量，才更容易取得成功。

所以，合作不仅是时代对我们的要求，更是一种适应时代的能力，是一种体察环境的睿明，更是一种大气磅礴的职场智慧。

被称为程序设计的奥林匹克的ICPC用它独特的参赛方式和参赛规则告诉你为什么要坚持团队协作，为什么要维护团队利益？

ICPC是由美国计算机协会主办的程序设计赛事，这个赛事只为团队颁发奖项。

ICPC在竞赛的时候三个人一组，每组只有一台电脑。题目设计的很特别，既要求很好的英文理解能力，又要求良好的算术能力和程式输入能力,比的主要是解题速度,时间用的越短就越有可能得分越高。这样就要求三个人的有良好的团队协作能力。英文阅读能力好的负责解读题意,算术能力好的人负责计算,程式输入快的进行上机操作。

在竞赛期间,三个人是否可以相互配合的,相互鼓励,共同攻克难关基本上可以决定他们的成败。

在一种团队成则成,团队败则败的氛围下,大多数的ICPC的参赛者可以把眼光放到长远,以团队的最终胜利成就自己,这就是“合作才能取胜”的有力说明。

拥有合作,就等于增强了自己的力量,如今任何行业都不会像以前那样“闭门造车”,喜欢“单打独斗”,所有的公司和企业都在提倡合作。的确,合作帮助它们变得比以前更加强大,所收获的利益也有了大幅度的提高。在职场中,只有具备良好的团队精神,积极与同事合作,才会使自己的价值以最大程度体现出来。当今社会职场竞争如此激烈,想要让自己在一家公司站稳脚跟,就必须要体现出自身价值,而积极地参与团队合作正是体现自己价值的最佳方法。

就现在而言,如今社会真可以称得上是一个团队协作的时代。无论是从公司还是个人的角度来看,合作都显得极为重要,我们谁都不能离开团队,而且还要让自己更快更好地融入到一个集团当中。每个人身上都有缺点,只有大家凝聚在一起。才会使彼此的不足得到互补、形成合力,当我们将力量集中到一起的时候,一定会更加出色地完成自己的工作。

2. 主动合作,把自己融入团队

合作,要求我们不论从事什么样的工作或处于什么样的工作环境之中,都不能脱离也无法脱离与他人的合作。因此,在职业生涯中,尤其是在当前竞争日趋激烈的情况下,团队精神显得越来越重要了,可以说,现在已是一个团队协作的时代。无论是从公司发展还是从个人发展的角度考虑，我们都不能脱离团队，而且必须融人到团队中去。因为每个人都有自己的短处，只有与人合作，才可以用他人之长补自己之短，进而形成合力，更好地把工作完成。因此，职场中的每一个人，都应该把团队精神贯彻到平常的行动中去，使之成为一种习惯。

团队精神是一个团队理想的工作状态，也是高效团队的灵魂所在。因此，每一个企业都需要具备团队精神的员工。

I(我)＋We(我们)＝Fully(完整)，这个公式是著名心理学家荣格列出的。这个公式向我们表达出了这样一个意思：一个人只有把自己融入到一个团队中，才能最大限度地实现自己的价值，取得人生的成功。

即使是生活中的小事，也需要主动合作的态度和团队精神才能做好，这是我自己的感悟：

中学时上体育课，大家都进行过“两人三足”的比赛吧，两人三足就是把两个人的其中一条腿绑在一起，看看谁配合得好，能以最短的时间跑到终点。记得有一次，全班只有一组获胜。那次，这组的两人边喊口令，边一步一步地走着，其他的队伍都因为太性急了，没有配合起来，一个个都摔倒了，只有他们俩不慌不忙在口令的指导下迈着整齐的步伐，一步步地跑向终点，最后，获得了“两人三足”的胜利！

从那时候起，同学们就明白了合作的重要性，知道许多事情只有通过互相之间，默契的配合，才能获得人生的“胜利”，大家只有学会合作，才能拿到成功之门的“钥匙”。所以，以后的很多时候，这个班的同学都记得主动去和别人合作，主动地融入到团队中去，和大家一起努力，一起成功。事实证明，这是对的。

团队精神对于一个团体、一个组织，一个企业来说，它所显示的作用都是极其重要的。没有团队意识，没有合作精神，就不会与成功结缘。那些成功的企业、组织无一不是有效合作的典范。

微软就是一个以团队精神著称的公司。他们在研发产品时,参与开发的众多工程师和测试人员,写出了5000万行代码,如果没有一个高度和谐与统一的团队精神,没有团队成员间的默契和合作,研发工程是很难完成的。微软公司内部的所有人员之间都强调合作的原则,也处处体现了合作的魅力,早期的微软主要由软件开发人员完成,强调独立性和思想性。因此,微软的特点是赋予每个人最大的发展空间。"责任到人",这表明公司非常重视人的作用,愿意给予员工充分的空间,发挥他们的最大作用和潜能。

当然了,那些不具备团队精神的公司,他们的状态也是大家有目共睹的。一项任务布置下来,员工并没有进行必要的沟通、交流,只是机械地做事情,结果可想而知。

一盘散沙,尽管它金黄发亮,也仍然没有太大的作用。但是如果建筑员工把它掺在水泥中,就能成为建造高楼大厦的水泥板和水泥墩柱;如果化工厂的员工把它烧结冷却,它就变成晶莹透明的玻璃。单个人犹如沙粒,只有与人合作,才会起到意想不到的变化,成为不可思议的有用之才。一个人只有学会与人合作,掌握这种能力,才能让自己的事业不断向前。

培养团队精神,要消除掉自以为是的心理。自以为是的人,往往不易融入团队,因为他们自我感觉良好,不愿与别人合作。但如果他们总是这样一意孤行的话,不但会使自己孤立,也容易被倡导"团队精神"的现代社会所抛弃。一个团队成员不应该只注重个人名下的辉煌业绩,更应该看到自己背后的团队成员。无法融入团队的员工不仅得不到同事的欢迎,也无法得到老板的青睐。

有一个刚毕业的女生参加麦肯锡公司的招聘。她的履历和表现都很突出,一路过关斩将,一直冲到最后一关。最后一关的题目是小组面试,这个女生伶牙俐齿、抢着发言。在她咄咄逼人的气势下,这个小组的其他成员几乎连说话的机会都没有。她认为自己在面试的时候表现很抢眼,被录取是十拿九稳的。然而,她落选了。麦肯锡公司的人力资源经理认为,这个女生尽管拥有很强的个人能力,但是很明显,她缺乏团队合作精神,招这样的人对公司的长远发展有害无益。

在工作中,你对你的同事说过:“我一个人可以搞定所有的事情”这样的话吗?如果没有,那好,建议你永远都不要说了。因为事实上,没有任何一个人可以搞定所有的事情,特别是在现在这样一个时代,造一根针离开了合作也难以有任何效益。

一枚小小的针,制作工艺多达18道,抽铁丝、拉直、裁切、削尖、打磨……每一个工匠都可以自豪的告诉别人,我可以独立的制作针,但是却没有一个工匠愿意真的去自己制作,因为他们是计件拿钱的。

一个人独立来完成所有的程序并不是不可能,但是每天只能制作20枚左右的针,但是如果是每个人负责不同的工序,采用集团作业,结果算出来可能有点惊人,但是我们不得不信,平均到每个人的头上是4800枚,也就是说团体作业是单独作业工作效率的240倍之多。

在当今社会,单打独斗就等于低效率、等于低利润、等于失败。所以,聪明的员工一定要养成主动合作,积极融入团队的好习惯,才更有利于自己取得成绩,收获成功。

只有把自己融入到团队中去的人才能取得大的成功。融入团队就像给自己插上了翅膀,广阔天空,将任你翱翔。

3. 高效合作，打造完美团队

在现代社会,早已没有全能的个人,只有完美的团队。因为有很多事情必须依靠团队里每一个成员相互协作、共同努力才能完成。

小猴和小鹿在河边散步，看到河对岸有一棵结满果实的桃树。

小猴说："我先看到桃树的，桃子应该归我。"说着就要过河，但小猴个矮，走到河中间，被水流冲到下游去了。小鹿说："是我先看到的，应该归我。"说着就过河去了。小鹿到了桃树下，不会爬树，怎么也够不着桃子，只得回来了。

这时身边的柳树对小鹿和小猴说："你们要改掉自私的坏毛病，团结起来才能吃到桃子。"小猴也意识到了这一点，主动要求和鹿合作。

于是，小鹿帮助小猴过了河，来到桃树下。小猴爬上桃树，摘了许多桃子，自己一半，分给小鹿一半。他俩吃得饱饱的，高高兴兴地回家了。

小猴与小鹿，就其个体而言，尽管都有自己的特长，但如果"单枪匹马"是摘不到桃子的。然而，一旦他们组成了一个相互协作的团队后，就出现了取长补短的奇迹——轻而易举地摘到了桃子。

猴子和鹿组成团队，他们都积极主动地合作，终于达到了双方的目标，吃到了鲜美可口的桃子，这就是团队的魅力，这就是合作的力量。很多动物都明白这样的道理。

一场突如其来的水包围了一小块陆地，那一小块陆地有许多的蚂蚁，是蚂蚁的家园。蚂蚁们对水是很敏感的，因为它们怕水。天要是下大雨了，它们总是能够预先知道，于是就能看到它们浩浩荡荡搬家的场面。但是这一次它们无法预先知道，因为这一次是人为的，那个人挖开了沟渠，要浇灌他的菜园子。天灾可以预知，但是对于人祸蚂蚁们就无法预知了。蚂蚁们爬出了洞穴，一阵慌乱后蚂蚁们变得有秩序了，它们聚拢、聚拢、聚拢成了一个大大的蚂蚁团。这时，水漫了上去，蚂蚁团就漂在了水面，而且在微风的吹动下，蚂蚁团滚动，在水面上向前滚动。没有一只蚂蚁松手，那蚂蚁团好像向前漂得很轻灵。终于，他们抵达了陆地，它们分散开来，又开始了他们的生活。

因为团结，蚂蚁们度过了一次大的劫难。蚂蚁是动物世界中微小得让人无视它存在小生命，但是它给我们的震撼是巨大的，它们是最懂得团结合作力量大的道理。

人作为社会的人，比动物更明白合作的威力，也比动物更需要合作的力量，团队合作已成为人类生存的必须。

许多企业的老板说："我们愈来愈迫切需要更多、更有效的具有团队精神的员工来提高我们的士气。"

一位人力资源专家指出："现代年轻人在职场中普遍表现出来的自负，使他们在融入工作环境方面显得缓慢和困难。他们缺乏团队合作精神，项目都是自己做，不愿和同事一起想办法，每个人都会做出不同的结果，最后对公司一点儿用也没有。"

美国GE(通用电气公司)连续三年被美国《财富》杂志评为"最为大众推崇的企业"。这个"最受推崇的企业"需要的员工应是什么样的呢？GE(中国)有限公司人力资源总监刘蓉在接受记者采访时说：我们需要的员工要有团队精神，善于和同事团结协作。

GE认为，在现代企业里，靠单打独斗是不行的。团队精神是GE人不可缺少的精神，缺乏团队意识，不愿与别人合作，在现代企业中很难成功。

积极合作还要善于合作，高效合作，才能最大限度地发挥集体的力量，使合作的威力最大。所以很多大公司，在招聘员工时，都把能否"有效的团队合作"当做一个重要的衡量指标。不能与同事友好合作，没有团队意识的人，即使有很好的能力，也难以把自己的优势在工作中淋漓尽致地发挥出来。

一家有影响的公司招聘高层管理人员，9名优秀应聘者经过初试，从上百人中脱颖而出，闯进了由公司老总亲自把关的复试。

老总看过这9个人详细的资料和初试成绩后，相当满意。因为此次招聘只能录取3个人，所以，老总给大家出了最后一道题。

老总把这9个人随机分成甲、乙、丙3组，指定甲组的3个人去调查本市婴儿用品市场，乙组的3个人调查妇女用品市场，丙组的3个人调查老年人用品市场。老总解释说："我们录取的人是用来开发市场的，所以，你们必须对市场有敏锐的观察力。让大家调查这些行业，是想看看大家对一个新行业的适应能力。每个小组的成员务必全力以赴！"临走的时候，老总补充道："为避免大家盲目开展调查，我已经叫秘书准备了一份相关行业的资料，走的时候自己到秘书那里去取。"

两天后，9个人都把自己的市场分析报告送到了老总那里。老总看完后，站起身来，走向丙组的3个人，与之一一握手，并祝贺道："恭喜3位，你们已经被本公司录取了！"看着大家疑惑的表情，老总呵呵一笑，说："请大家打开我叫秘书给你们的资料，互相看看。"

原来，每个人得到的资料都不一样，甲组的3个人得到的分别是本市婴儿用品市场过去、现在和将来的分析，其他两组的也类似。老总说："丙组的3个人很聪明，互相借用了对方的资料，补全了自己的分析报告。而甲、乙两组的6个人却分别行事，抛开队友，自己做自己的。我出这样一个题目，其实最主要的目的，是想看看大家的团队合作意识。甲、乙两组失败的原因在于，他们没有合作，忽视了队友的存在！要知道，团队合作才是现代企业成功的保障！"

没有合作精神的企业不可能成功，没有团队意识的员工也不可能受到企业的欢迎。因为企业比个人更明白个人能力的有限和团队力量的强大。

一个互相信任的团队，一个互相扶持的团队，一个互相依赖的团队，对于一个企业而言，是关系兴衰存亡的关键因素，也是个人获得职业发展的决定因素。一根筷子轻轻被折断，十双筷子牢牢抱成团很难被打断；一个巴掌拍不响，万人鼓掌声震天。从来没有全能的个人，最完美的只能是每一个人都充分合作的团队。因为只有这样的团队，才能创造最好的效率，达到完美的境界。

4. 精诚合作，竭尽自己的真诚

团队成员的协作贯穿到每一件工作中，无时不在。很多员工都具有团队意识和合作精神，但总是无法与同事很好地协作，特别是一些刚刚工作的员工，更是因为这个而深深苦恼。其实，要与同事建立完美的协作关系，秘诀只有一个：真诚。

是的，就是真诚。真诚是天底下打开心门的唯一一把钥匙。如果你拥有真诚，用真诚之心对同事，用真诚之心对工作，你一定可以如鱼得水，八面玲珑。

真诚的心是在职场、在官场甚至在所有的场合都畅通无阻的万能通行证。与同事的合作也是一样，如果拥有的是真诚，一定会有真诚的回报。

不管是对同事、对下属还是对上司，真诚的心是首要的条件。真诚，就是真心相对，坦诚以待；真诚，就要全力以赴，不遗余力；真诚，就要相互理解，宽容支持，这才是精诚合作的前提和基础。

在团队里，要注意培养与团队成员之间的感情，多跟他们分享对工作的看法，多听取和接受他们的意见，不要自命清高而成为孤家寡人，要跟每一位团队成员保持友好的关系。在团队里，如果你被孤立起来，那将是件很危险的事。

艾伦经过几轮面试，终于应聘成功。今天是她到新公司上班的第一天，这是一个规模不算大但很有前途的公司，老总似乎很赏识她，一个新的天地在她面前逐渐展现。

但是，一切似乎并不如预想的顺利。第一天上班，她交代助理将进货清单按照格式列好，助理很诧异地说，以前的组长不是那样做的。艾伦坚持要助理这样做，助理有些不高兴。午饭时，艾伦刚走进公司楼下的快餐店，就看到谈得正欢的几个同事忽然安静了下来。她隐约觉出了什么，心里很是不安，远远地坐在另外一张桌子上……

一个星期下来，艾伦和同事之间似乎总有着不大不小的距离。第二个星期，老总有一件急单要处理，同事们将事情推给了她，她加班到凌晨，发誓要做好让同事看看。没想到，第二天老总发现单子出了问题，大发雷霆，同事都把责任推到她身上。她忍不住和一个说话尖刻的同事吵了起来，彼此都说了难听的话，直到老总制止了她们。

她忽然觉得自己来这个公司真是个错误，老总怀疑她的能力，新同事都一致排外地给她难堪。事情没有比现在更糟糕的了，尽管她一直都希望自己能在新的公司工作出色，就如在以前那家公司一样，同事尊敬，老板信任，如果不是想要和男朋友生活在一个城市里，她也不会放弃刚开了个好头的事业。她从来都没有怀疑过自己的工作能力，可是为什么自己的新工作会这么吃力？问题难道只在别人的身上？她不想回家，也不想让男友担心……

她忽然想起，那天让助理列清单时，自己并没有向她解释清楚这样做的原因，这是不尊重同事的表示，难怪产生了误会。自己业务上有困难时，从不向有经验的同事请教，别人一定以为自己不需要帮助了；同事将急单交给她，也许是为了锻炼她，是自己太急躁，明明是一个新人，却刻意地拉远自己和同事的距离，摆出一副很能干的样子。而且，到新公司这么久以来，她从来没有主动帮助过谁……太多的错失，原来竟发生在自己的身上啊！

第二天早上，艾伦找到助理："对不起，我一直没有和你沟通好我的想法。"她把自己的理由对助理说了，又细心听了助理的经验，两人终于商量出一个更有效率的工作方法。午饭时间，艾伦走到那个和自己吵架的同事面前，轻声说："对不起，那天是我不对，说了很多伤害你的话，可以和你一块吃饭吗？"同事听了，也觉得很歉疚。两人欣然一笑，艾伦借此熟悉了这位同事的性情。

几个月过去了，工作中的艾伦更美丽，也更真诚。她热心地帮助同事解决问题；遇到困难时，她就虚心向同事请教；她还以细致的服务为公司争取来了大客户。公司的盈利为大家带来了努力工作的动力，和谐的人际关系也为艾伦带来了身心愉快的工作环境。在年度庆功酒会上，当艾伦宣布自己的婚讯时，她得到了所有同事最衷心的祝福。

对员工来说，真诚合作不要有什么顾虑。只要你本着真诚待人、勤学为主的原则，就可以开拓良好的合作关系。

如果说工作是一部大机器，员工就好比是每个零件，只有各个零件凝聚成一股力量，这台机器才可能正常启动。这是同事之间应该遵循的一种工作精神或职业操守。

一个哲人曾说过这么一段话，大意是：你手上有1个苹果。我手上也有1个苹果，2个苹果加起来还是苹果。如果你有1种能力，我也有1种能力，两种能力加起来就不再是1种能力了。

精诚合作，就要真诚相待，要竭尽所能，要贡献自己所有的力量。

有两个饥饿的人得到了上帝的恩赐：1根鱼竿和1篓鲜活

的鱼。其中一个人要了1篓鱼,另一个人则要了1根鱼竿。带着得到的赐品,他们分开了。

得到鱼的人走了没几步,便用干树枝点起篝火,烤起了鱼。他狼吞虎咽,没有好好体味鲜鱼的香味,一会儿,连鱼带刺就都被他一扫而光。没过几天,他再也得不到新的食物,终于饿死在空鱼篓的旁边。

另一个选择鱼竿的人只能继续忍饥挨饿,他一步步地向海边走去,准备钓鱼解饥。可是,当他看见不远处那蔚蓝的海水时,他的最后一点力气也使完了,他也只能带着无尽的遗憾撒手人寰。

上帝摇了摇头,决心再发一回慈悲。于是,又有两个饥饿的人得到了上帝恩赐的1根鱼竿和1篓鲜活的鱼。这次,这两个人并没有各奔东西,而是商定互相协作,一起去寻找有鱼的大海。

一路上,他们饿了时,每次只烤1条鱼充饥。终于,经过艰苦的跋涉,在吃完了最后1条鱼的时候,他们终于到达了海边。从此,两人开始了以捕鱼为生的日子,有了各自的家庭、子女,有了自己建造的渔船,过上了幸福安康的生活。

几十年过去了,他们居住的海边已经发展成为一个渔村。村里人都继承了两位创业者留下的传统,互相协作,取长补短,共同发展,渔村呈现出一片欣欣向荣的景象。

前两个人因为不知道合作,所以两人都失败了;而后两个人因为懂得合作,最终双双取得了成功。

可见,要克服现实的重重困难实现心中的目标没有合作是不行的,就算有热情、有努力、有责任、有雄心、有毅力,都是不够的,还要学会与他人合作,取长补短,相携共进,真诚相对,竭尽全力,才能最终成功。

一个人死了到了地狱,一看地狱的人正拿着长长的筷子在吃饭，却因为筷子太长无法吃到嘴里，一个个饿得瘦骨嶙峋，痛苦不堪；这个人又来到天堂，天堂里的人也正在用长长的筷子吃饭，大家都喜笑颜开，红光满面，这个死去的人看了半天才看明白——原来天堂的人拿着长长的筷子在往别人嘴里送，互相协作，人人有份，一片祥和。

你看，协不协作会带来天堂和地狱的差别！可见团队的成功就取决于团队成员之间的精诚合作。

在一个集体中，任何人的发展都不可能是孤立的，都离不开其他人的关怀、帮助和协作。要加强一个团队的合作能力，除了打造我们的团队精神外，还必须要有真诚相待、坦率以对的心，有竭尽所能、不遗余力的态度，这样才有更加完美的合作。

5. 摒弃私心，和大家一起分享成功

成功需要分享，团队的成功更需要分享。一个良好的团队，大家通力协作，共同努力，取得的任何成绩当然也是属于大家的，成功当然也属于整个团队。就算是某个人取得了更大的成就，也千万不要忘了一起拼搏努力的其他团队成员，与他们一起分享成功的喜悦。只有分享，才能共赢。不懂得分享的人，只能共苦不能同甘的人，最终会被大家所唾弃，所不齿，被大家孤立，被大家远离。

私心人人都有，这并没有什么不好。但是，如果把私心建立在团队的成绩之上，据团队成绩为己有，一定不会被大家接受。大家共同的成绩一定要大家共同来分享，这不仅仅是团队精神和合作精神，也是公平和公正的体现。只有守住了这一条，企业才能基业常青，个人也才能威信长在。

作为靠2万元起家的本土民营IT企业，华为的成长像一个传说和神话一样。华为从代理香港的程控交换机开始，到它的义无反顾坚持自主研发，再到它势如破竹般从国内到国外市场

体系的建立，走过了一条艰苦卓绝的奋斗之路，目前，它的资产规模和年销售额都已双双超过1000亿。可以说，华为从1988年在深圳呱呱坠地，如今已成长为一名活力四射、血气方刚的"英俊少年"，正背着他宏大的梦想阔步向前。

1991年9月，华为租下了深圳宝安县蚝业村工业大厦三楼，最初有50多人，开始研制程控交换机。12月，首批3台BH—03交换机包装发货。事后员工获悉，公司已经没有现金，再不出货，即面临破产。可是到1992年，华为的交换机批量进入市场，当年产值即达到1.2亿元，利润则过千万，而当时华为的员工，还只有100人而已。这样的成长速度，是属于那个时代的。

从此，华为像一匹来自深圳的狼，扑进了这个正在高歌猛进的行业，而且扑向了全世界。华为的国际化扩张道路是跑步进入的，而且一起跑，就是加速度的。到2004年，华为销售额是56亿美元，到2008年，华为已经取得了233亿美元的合同销售额，其中海外销售占比达75%，

1994年，任正非说了一句志怀高远的话，他说："将来电信设备市场将会三分天下，西门子、阿尔卡特和华为。"他没有说将来有多远，不过到2009年，华为在爱立信、诺基亚—西门子和阿尔卡特—朗讯之后，名列世界第四大电信设备制造商。而曾经创造辉煌业绩的北电已经申请破产保护，摩托罗拉也岌岌可危，市场份额下滑到只有4%。

为什么像摩托罗拉这样的世界级大企业也避免不了业绩下滑、市场减少的命运，而华为却一路壮大，迅速发展而且长盛不衰呢？这与华为老总任正非的"分享"、"利益均沾"理念密不可分。

《华为基本法》明确指出：华为主张在顾客、员工与合作者之

间结成利益共同体，努力探索按生产要素分配的内部动力机制。任正非在1996年就讲过：回顾这些年来走过的道路，我认为我们就是本着一种真诚、互利的合作态度，与大家一起分享成果和成功，所以我们的合作伙伴越来越多，我们的销售额也越来越大。

华为的分享原则体现在哪些方面呢？

在公司内部，华为与员工之间建立起了"利益均沾"的分配机制。作为华为这样的一个高科技企业，必然使用的都是高学历的员工，并且都是名牌大学的一流人才。任正非讲"高工资是第一推动力"，公司给予的薪资待遇是国内最高的。还不仅仅如此，更为主要的，是华为给予员工的内部股份，将企业的整体利益与员工的自身利益紧密结合起来，使员工的利益与公司的利益紧紧捆绑在了一起。尽管华为是任正非创办的企业，但任正非仅仅持有1.42%的股份，其他的都被员工所持有。从这个意义上来讲，华为已经不是任正非自己的了，已经名副其实成为"华为人"的华为了。统观国内民企甚至国企，到目前为止还没有一个创办人或是领导者所占的股份这么少。

在公司外部，华为与客户之间的合作，更加体现了"利益均沾"的分享思想。《华为基本法》讲：我们将按照我们的事业可持续成长的要求，设立每个时期的合理的利润率和利润目标，而不单纯追求利润的最大化。这一原则体现在了华为与客户的合作上。1997年，处于开拓市场的需要，华为与全国各地的邮电部门进行密切的合作，成立了一大批的合资公司，吸纳邮电系统的职工入股，并给予每年高达70%的分红。而这些合资公司的主要任务，就是销售华为公司的产品。大家可以想象，这是一种多么完美的结合，企业的利益，就是你的利益！任正非说：通过使客户的利益实现，进行客户、企业、供应商在利益链条上的合理分解，各得其所，形成利益共同体。我们毫不怀疑，这样的方式在当时的社会环境和市场条件下，所促进华为产品销售所发挥的巨大作用。可以说，这么多年来，不单纯追求利益最大化，而考虑的是把市场做大，让合作方得到合理的回报，利益均沾，成果分享，以利益共同体来促进命运共同体的形成，从而实现事业上的结盟，是华为成功的秘诀。

此外，华为在长江遭遇百年一遇洪水的抗洪救灾中一次捐款数千万，华为在多所大学设立了“寒门学子奖学金”，华为员工缴纳的个人所得税在电子行业总是位居第一，华为上缴国家的税金每年都是几十个亿……所有这些，我们是不是可以理解为华为“利益均沾”在对社会的回报方面的表现？如同《华为基本法》中所描述的华为“社会责任”那样：华为以产业报国和科技兴国为己任，以公司的发展为所在社区作出贡献。

这就是华为的“利益均沾”。利益均沾，成就了华为的伟业，成就了中国屈指可数的一家高科技公司。

分享才能避免劳而无功，独占易起纷争，分享才能共赢。在团队里，任何的成功都是团队成员共同劳动的结果，仅仅靠一个人是不会干出任何事业来的。

真正优秀的员工，当老板宣布他被提升或者受到奖励的时候，往往都非常谦虚，在享受荣誉的时候，他绝对不会忘了感谢那些和自己一起努力或者曾经帮助过自己的人，让所有曾经参与的人都分享这一荣誉和喜悦。这样的员工，大家往往乐于看到他的成功，当他获得成功的时候往往得到的是赞许和掌声。而且大家以后会更努力地团结在他周围，去争取更大的成功——因为大家都知道，不管取得多大的成功，他都不会忘记曾经帮助过自己的人，大家都会有所回报。

而另外一些员工，他们在获得奖励的时候，眼睛就从正常的位置挪到头顶上了，仿佛自己已经超越了别人，成为“高人一等的贵族”，连说话都高傲起来。这样的员工，自己把自己和团体隔离开来，谁以后还愿意帮助他呢？

合作是暂时的，利益是长久的。没有长久的利益平衡，也就不可能有长久合作的可能。企业与员工是这样，企业与客户是这样，要想实现快速发展和长久发展，“利益均沾”、“成果分享”是必须坚持的重要原则。不懂得分享的企业不可能基业长青，不懂得分享的员工也不可能持续发展。

当然，分享不仅表现在对成果的共享上，更在于对责任和压力的分担上。

一家工厂，因为经营不善，面临倒闭。工人们都在收拾行装，根本就不期望工厂能发工资——每个工人都了解工厂的财务状况。

厂长把大家召集在一起后说：“大家很清楚厂里现在的情况，我现在给大家两条路选：第一条路是我申请破产，不过大家放心，我会想办法让大家拿到工资，不过大家将会失去工作，需要重新找工作；第二条路是我把工厂股份化，以股份来代替工资发给每一个人——当然大家现在获得的不会是利益，而是摊到了债务。”

工人们都静静地听着，厂长顿了顿，继续说：“大家在一起工作这么长时间了，为什么不放手搏一下？工厂是我们一起发展起来的，属于我们每一个人，只要我们团结起来，就一定能闯出一条生路。”

结果，所有的工人无一例外地都选择留下来。每个工人都拿到了工厂的股份，所以大家都很拼命，工厂很快就蓬勃发展起来。

6. 抛弃个人英雄主义，不做罗宾汉式的“独行侠”

为什么要抛弃个人英雄主义？为什么不要做罗宾汉式的独行侠？让

我们先听听世界上最伟大的两位企业有的声音：

保罗·盖蒂曾经说过："我宁要100个人的1%，不要一个人的100%。"因为他知道，一个人的100%永远比不上100个人的1%。

比尔·盖茨说："在社会上做事情，如果只是单枪匹马地战斗，不靠集体或团队的力量，是不可能获得真正的成功的。这毕竟是一个竞争的时代，如果我们懂得用大家的能力和知识的汇合来面对任何一项工作，我们将无往而不胜。"

我们所处的这个时代已经成为一个合作时代，一个团队时代。因而团队意识和合作精神成为现代人成功的重要法宝。要让自己很好地与团队融为一体，首先就一定要摒弃个人主义，抛开"独行侠"的思想，要和"狂妄"、"自视清高"、"刚愎自用"坚决作别，代之以"众人拾柴火焰高"、"众志成城"、"齐心协力"的团队意识。因为没有合作，自命清高，对别人的事不管不顾，只顾自己的事，最终也会落得被孤立，被隔离，甚至被消亡的命运。

在美国波士顿犹太人被屠杀的纪念碑上，刻着德国一个叫做马丁的新教神父的一段话：**"起初他们追杀共产主义者，我不是共产主义者，我没有反对；接着他们追杀犹太人，我不是犹太人，我也没有反对；后来他们追杀天主教徒，我不是天主教徒，我还是没有反对；最后他们追杀我来了，这时候已经再也没有人站起来反对了。"**

这段话明确地告诉所有的人，别让自己远离群体，别让自己只顾苟活，更别让自己对团体的事不闻不问不管不顾，这样最终，会让自己也受到惩罚。只有合作才能生存，只有依靠团队才能生存下来，才能没有后顾之忧的活着。

任何公司的发展和壮大，都依赖员工的有效合作。当个人利益与团队利益发生冲突时，应以大局为重，而不是以自我为中心。在这个竞争的时代，集体主义比个人主义更有效，公司的成功依赖更多的是团队的力量。尽管每个人所处的岗位不同，性格也各不相同，但需要明确的是，有一点是共同的，那就是为实现公司的整体目标而团结一致，共同奋斗。这样才能成功。

“独行侠”是难以成功的，即使是天才如爱迪生者，其成功也一样离不开别人的支持和团队的合作。

> 爱迪生是人们所熟悉的大发明家，一生中有1000多项发明，平均13天一项。这么多项发明，对于一个人的有限精力和生命来讲，实在是不可思议的，但爱迪生却把它变成了现实，这其中的奥秘就是在爱迪生的实验室里，他有三个得力助手：第一个是美国人奥特，他在机械方面独具专长，超过了爱迪生；第二个是英国人白契勒，他沉默寡言，善于钻研，常常提一些古怪离奇的问题，给爱迪生以极大启发；第三个是瑞士人克鲁西，他擅长绘图，爱迪生的手稿无论多么潦草，他都能制成正式的机械图……

你的天分赶得上爱迪生吗？你有那么旺盛的精力和那么聪明的头脑甚至那么拼命的勤奋吗？他都不能独自成功，遑论普通如我们呢？所以，不要有那种“独行侠”式的思想，更不要有那种自命不凡而与同事斤斤计较，与团队格格不入的行为，离开了团队，我们根本无法成功。

但是我们经常会见到这样的一些员工，只工作不合作，宁肯一头扎进自己的专业之中，也不愿与同事有密切的交流。埋头做好自己的工作、“扫好门前雪”是没错的，但如果只局限于自己的门前，而忘掉团队精神，那是不行的。优秀的员工除了做好本职工作以外，还应多想想团队中的其他成员，不能“各人只扫门前雪”。要知道，协作才能取得成功，彼此各自为政终不会成就任何事业。

有的员工尽管很优秀，但难免有一些“英雄主义”的倾向。虽然在很多关键时刻，“英雄主义”发挥着至关重要的作用，它可以使公司顺利渡过难关，可以激励全体员工士气，甚至可以从乱军之中取上将首级。但是单凭几个“英雄”仍然无法赢取整场战争的胜利,商业战争就像球场上的对决一般。足球运动靠的是全队的配合,大牌球星虽然能帮助球队扭转时局,但是球场上的常胜将军仍然是配合最好的球队。况且,“英雄主义”极易引发“个人主义”的不良作风,即不顾公司整体利益,只顾个人的功劳大小,无视他人的配合协作,一味地追求自我,瞧不起任何人,一旦沾染上这种恶劣的风气一定不会走得太远。

有一位能力很强的员工,在一次与客户的谈判中表现突出,为公司创造了良好的效益,并受到总经理的高度赞扬。这次谈判使他感觉自己能力超群,总经理的赞扬使他觉得自己非同一般。在日常工作中,他开始不和同事们交往、沟通,一副自高自大、目中无人的样子,在公司里独来独往。

这位员工的态度使得同事们渐渐疏远了他,谁都不愿意与他合作。于是,他成了被孤立的人,在许多事情上都陷入极其尴尬的境地。后来,由于他判断失误给公司造成了巨大的损失。同事们的讥笑、总经理的恼怒,使他无法再继续待下去,他很不体面地自行辞职离开了公司。

公司就是一个团体,团体的发展不是靠个人,而是靠每一个人的力量。当无视他人力量存在时,“英雄主义”是一件很可怕的事情。因为,从公司长远发展来看,“英雄主义”只能胜一时,团队的力量才会胜一世。所以,相信团队,依靠团队,不断打造团队的力量,才是最终胜利的法宝。

迈克尔·乔丹,这位篮球史上最伟大的球星,一直坚守团结合作的职业精神,在每一场比赛中都和队友们倾力合作,团结一致地去争取胜利。他从来没有认为自己有多了不起,而是把成绩归功于团队,他们团队里的皮蓬等一大批 NBA 巨星才甘于充当配角,紧密地团结在他周围,为公牛队取得一个又一个冠军。

迈克尔·乔丹在结束自己的篮球生涯时说:“在别人看来,

我站在篮球世界的顶端，每当听到这样的赞美，我都感到惶恐。我取得的所有成绩都是和队友们以及教练一起努力的结果，还有赞助商和支持、鼓励我们的球迷们，荣誉属于你们每一个人，我只是幸运地作为代表，一次次地领取奖杯。”

对于一个团队而言，如果团队成员只考虑自己的工作，而不去关心别人，就很可能会出现问题。特别是对于流水线生产，每一个工序的员工都是彼此联系在一起的，彼此之间必须有着高度的协作精神，这样才能生产出高质量的产品。如果一道工序出现了问题，就有可能导致整个流水线出现问题，对于一个企业而言，这样的损失肯定是巨大的。

彼此协作，是生存的根本，是现代职场的天条。无论是对于个人还是团队，忽视协作的价值，缺乏协作精神，都无异于自断根脉。所以，主动合作是一个优秀员工的基本素质。这样的员工，才能真正承担起自己的工作责任，也才能真正做好自己的工作。如果一个团队成员缺少团结协作精神，即使他能在短时间内给团队带来利益，也不可能带来长远利益；如果团队成员之间不能团结协作、互帮互助，那么团队就会受到损失。只有为团队利益工作，提高团队声誉，作为团队中的一员才会受到礼遇。所以每个团队成员都有责任为了整个团队的利益互相合作，相互支持，因为团队的胜利才是每一位成员的胜利。

合作是一种能力，更是一种艺术。“独行侠”时代早已过去，“个人英雄主义”也不吃香了。唯有善于与人合作，才能获得更大的力量，争取更大的成功。历史上有多少成功的人，却没有一个人是凭着一己之力取得成功的，这就是明证。

摒弃个人英雄主义，不做罗宾式的“独行侠”，把自己融入团队，真诚合作，真心奉献，才能促进团队的成功，而团队的成功就是你的成功。

第七章　主动思考，不断改进不断创新

勤奋努力工作是好事，但光努力是不够的，还要动脑筋，学会用脑子工作，带着思考去工作，在工作中融入自己的创新智慧，不断改进不断创新，才能把工作做得更好、更完美。

1. 主动思考，让大脑运转起来

积极努力工作是好事,但光努力是不够的,还要动脑筋,学会用脑子工作,让大脑运转起来,带着思考去工作,在工作中融入自己的创新智慧,才能把工作做得更好,更完美。

过去,大多数企业里的工作,都是一些体力劳动,而现在,企业的发展不仅需要传统的熟练工人,更需要能适应新的时代、善用大脑、用智慧去工作的新型员工。

然而,在公司里,仍然有许多员工不是用脑去工作,他们缺乏思考问题的能力,也没有解决问题的能力,他们遇到问题时,不是去多问几个为什么,而是逃避,这样的员工不仅不受企业的欢迎,而且在职场上也很难有发展和突破。

很显然,在工作中主动思考,爱动脑筋的员工肯定比只会机械地听从命令的员工更有绩效,也更容易取得成功。

在意大利有一个小村庄,村里除了雨水没有任何水源,为了解决饮水问题,村里人决定对外签订一份送水合同,以便每天都能有人把水送到村子里。村子里有两个年轻人,分别叫布鲁诺和柏波罗,他们愿意接受这份工作,于是村里的长者把合同同时给了这两个人。

签订合同后,布鲁诺便立刻行动起来。他每天在10公里外的湖泊和村庄之间奔波,用两只大桶从湖中打水挑回村庄,倒在由村民们修建的一个结实的大蓄水池中。每天早晨他都必须起得比其他村民早,以便当村民需要用水时,蓄水池中已有足够的水供他们使用。由于起早贪黑地工作,布鲁诺很快就开始挣钱了。尽管这是一项相当艰苦的工作,但他还是非常高兴,因为他能不断地挣钱,并且他对能够拥有两份专营合同中的一份感到满意。

柏波罗呢？自从签订合同后他就消失了，几个月来，人们一直没有看见过他。这令布鲁诺兴奋不已，由于没人与他竞争，他挣到了所有的水钱。那么，柏波罗干什么去了？原来，柏波罗做了一份详细的商业计划书，并凭借这份计划书找到了 4 位投资者，和自己一起开了一家公司。6 个月后，柏波罗带着一个施工队和一笔投资回到了村庄。花了整整一年时间，柏波罗的施工队修建了一条从村庄通往湖泊的大容量的不锈钢管道。

后来，其他有类似环境的村庄也需要水。柏波罗便重新制定了他的商业计划，开始向全国甚至全世界的村庄推销他的快速、大容量、低成本并且卫生的送水系统，每送出一桶水他只赚 10 分钱，但是每天他能送几十万桶水。无论他是否工作，无数的村庄每天都要消费这几十万桶水，而所有的这些钱便都流入了柏波罗的银行账户中。

从此，柏波罗幸福地生活着。而布鲁诺却依然还在拼命地挑水，而且还要担心柏波罗的水引进村庄后他会不会失业的问题。

在工作中，我们是否问过自己："我究竟是在修管道还是在挑水？""我想过我的工作吗？有没有更好的方法？""我的工作还能改善吗？"要多去思考，去想问题，让大脑运转起来，从而让工作事半功倍，更有效率。

工作是件需要能力更需要智慧的事情。要把工作做好，一定要善于思考，主动思考，让脑子运转起来，才能把事情做得完美，也才能让自己得到提高，也自己不再"挑水"。

2. 用心工作，用心才能做到最好

在遇到问题时勤于思考、多动脑筋、用心工作的员工肯定比那些仅靠四肢工作的员工更有工作绩效。

任何工作，无论它有多么的艰难，只要你善于思考，全力以赴、用心去做，就一定能化难为易。一个人很成功，一定是他很用心；假如一个人还没有成功，那他一定还不够用心。

北宋时期著名的书法家米芾，自幼喜欢书法，但苦于一直没有突破性的进展。一天，他听说村里来了个书法很好的秀才，于是跑去请教。秀才拿本字帖给他说："向我学写字，必须用我的纸。"米芾说："一定照您的指示去做。"秀才说："但是我的纸非常贵，要5两银子一张。"由于纸张很贵，米芾只是用手指在桌面上来回照着写来写去，久久不肯下笔。秀才知道了，责问："不写如何练书法？"米芾就非常用心地写下了一个字，结果写出来的字比字帖上更有力量。秀才说："以前你写字总是不能用心。这次由于纸张很贵，所以你就很用心地去思考，然后再落笔。现在，你已经突破了你自己，将来定能成为个大书法家。"

用力只能做到一般，用心才能做到最好。工作上又何尝不是这样呢？如果我们仔细去考察那些大人物的成功的脚步，我们就可以发现，他们的成功正是因为用心，因为认真，因为用心思考了，带着思考在工作，而不仅仅是为了工作而工作，才把每一件事都做到最好，每一步都迈得那样有力。

1932年，16岁的王永庆到嘉义一条偏僻的巷子里承租一个很小的铺面开一家米店。他的米店开办最晚，规模最小，更谈不上知名度了，没有任何优势。在新开张的那段日子里，生意冷冷清清，门可罗雀。20世纪30年代的台湾，农村还处在手工作业状态，稻谷收割与加工的技术很落后，稻谷收割后都是铺放在马路上晒干，然后脱粒，砂子、小石子之类的杂物很容易掺杂在里面。用户在做米饭之前，都要经过一道淘米的程序，用起来有很多不便，但买卖双方对此都习以为常，见怪不怪。

王永庆却从这一司空见惯的现象中找到了切入点。他带领两个弟弟一齐动手，不辞辛苦，不怕麻烦，一点一点地将夹杂在米里的秕糠、砂石之类的杂物拣出来，然后再出售。这样，王永庆米店卖的米质量就要高一个档次，因而深受顾客好评，米店的生意也日渐红火起来。当时，用户都是自己前来买米，自己运送回家。而当时年轻人整天忙于生计，且工作时间很长，不方便前来买米，买米的任务只能由老年人来承担。王永庆注意到这一点，于是超出常规，主动送货上门。这一方便顾客的服务措施，大受顾客欢迎。

每次给新顾客送米，王永庆就细心记下这户人家米缸的容量，并且问明这家有多少人吃饭，有多少大人、多少小孩，每人饭量如何，据此估计该户人家下次买米的大概时间，记在本子上。到时候，不等顾客上门，他就主动将相应数量的米送到客户家里。

王永庆给顾客送米，还要帮人家将米倒进米缸里。如果米缸里还有米，他就将旧米倒出来，将米缸擦干净，然后将新米倒进去，将旧米放在上层，这样，陈米就不至于因存放过久而变质。王永庆这一精细的服务令不少顾客深受感动，赢得了很多顾客。

在送米的过程中，王永庆还了解到，当地居民大多数家庭都以打工为生，生活并不富裕，许多家庭还未到发薪日，就已经囊中羞涩。由于王永庆是主动送货上门的，要货到收款，有时碰上顾客手头紧，一时拿不出钱的，会弄得大家很尴尬。为解决这一问题，王永庆采取按时送米，不即时收钱，而是约定到发薪之日再上门收钱的办法，极大地方便了顾客。王永庆精细、务实的服务方法，使嘉义人都知道在米市马路尽头的巷子里，有一个卖好米并送货上门的王永庆。有了知名度后，王永庆的生意很快红火起来。这样，经过一年多的资金积累和客户积累，王永庆便自己办个碾米厂，在离最繁华热闹的街道不远的临街处租了一处比原来大好几倍的房子，临街的一面用来做铺面，里间用作碾米厂。就这样，王永庆从小小的米店生意开始了他后来问鼎台湾首富的事业。

在工作中，应该认真地思考遇到的每一个问题，不断思考改进是你必须要做的事。有意识地多想一想自己的决定是否能够经受住考验，自己的计划是否全面周详，自己遇到障碍时应当怎样去处理才能把事情做得更好。这样能够避免很多自以为是的很幼稚的错误，顺利圆满地完成每一项任务，也让自己一步一步走得稳健而踏实。

3. 积极思考，让工作更加出彩

一个人成功与否在于他是否做什么都力求最好，成功者无论从事什么工作，他都绝对不会轻视任何小的环节。因此，在工作中的应该用心——带着思考去工作，以最高的标准要求自己，能做到最好，就必须做到最好。一个积极主动的员工总是要带着思考去完成工作中的每一件小事，在主动的思考中让工作更加出彩。

机遇垂青有准备的人，更垂青积极思考、开动大脑，主动想问题并解决问题的人。

小丁是一家机关招待所的服务员。因为是下岗后的再次就业，她很珍惜这份工作。

一天，一位客人叫住她，让她帮忙到街上买一块香皂。她不仅有些紧张起来，以为是自己粗心疏忽，忘了给客人的房间配一次性香皂了，便急忙向客人道歉，并表示马上就补上。客人笑着解释，房间里已经有了一次性香皂，不过他讨厌使用小香皂，因为它又小，质量又差，最关键的是，这种一次性的小香皂不好拿，容易掉，使用起来不方便。她心里塌实下来，去帮客人买回了大香皂。第二天,这位客人走了,当她收拾房间时,看到昨天给客人买的香皂只用了一点点,招待所配送的一次性香皂因为开了包装,也不能再用了。在她将一大一小两块香皂扔进垃圾桶的时候,忽然灵机一动,客人出差图方便,不喜欢带香皂,宾馆酒店提供的香皂又因为太小,难拿难握,质量较次,洗脸时缺少舒适感,不能让客人满意,这不仅有损宾馆酒店的声誉,还造成不小的浪费。而宾馆酒店是不可能为了满足客人喜好而配备大香皂浪费的。能不能有一个折中的办法呢?

如果设计一种新型香皂,中间是空心的,外面包一层香皂,不就又实用又不浪费了吗?这种香皂因为是空心制作,可用上等质量的香皂液制作,体积大、好拿握、好擦洗、用量少,在不增加成本的条件下,可以赢得顾客的满意,一定会很受欢迎。

她找到招待所的采购员,询问能不能在市场上买到她所设想的这种香皂。采购员摇着头,说他搞了十几年的采购,没有见过她说的这种香皂呢。她又到各大商场去打探,仍是都没有。她又开始留意起来各大香皂厂家的电视广告,都只是介绍自己香皂如何香,可以杀菌,治什么病,申请了什么专利,等等,没有一家说怎么方便使用。

在市场越来越细分化的今天,与众不同的关键已经不是产品质量,而是服务。

长时间在服务行业中的经验告诉她,一次性香皂消费市场潜力巨大,一般的宾馆酒店一天就要消耗上百块。一座城市就已经是一个很庞大的市场了。她感觉这是上苍给她的一次机遇,她萌生了强烈地抓住机遇、打造自己人生价值的欲望。

第二天,她找出小孩玩耍的塑料球,把香皂削成薄片贴上去,"空心香皂"的雏形出来了。市内一家大香皂厂的经理看过这个雏形,以及了解了她的创意后,赞不绝口,鼓励她去申请专利。几个月后，她拿到了“空心香皂”的专利证书。

专利只代表着创意的价值，任何商品只有产生了市场价值才算得上具备了真正的价值。

在经历了一系列的研究和实验后，她终于将专利转为产品。并很快就将“空心香皂”销售到市内数十家酒店宾馆。她又不失时机地将产品注册为“星空”商标。当年，她就凭借着“空心香皂”让自己成为身家数十万的女老板。

遇事留心才能够在工作中发现问题并解决问题，把工作做得更完美。并在发现问题，解决问题中积极思考，就能挖掘潜能，激发灵感，找到属于自己的最佳坐标。

优秀的员工，总是能够把做好工作的精神和理念，开动大脑，激发智慧，带着思想去工作，从而把工作做得更完美更好。

麦丽是公司的销售标兵，也是一个善于思考更善于将思考带入工作中去的典范。

在售奶柜台或冷饮柜台前，顾客走过来要一杯麦乳混合饮料。

麦丽微笑着对顾客说；“先生，你愿意在饮料中加入1个还是2个鸡蛋呢?”

顾客：“哦，1个就够了。”

这样就多卖出1个鸡蛋。在麦乳饮料中加1个鸡蛋通常是要额外收钱的。

麦丽只不过是比别人把这句话拐了一个小小的弯，效果却大相径庭。让我们比较一下上面那句话的作用有多大。

员工：“先生，你愿意在你的饮料中加鸡蛋吗?”

顾客：“哦，不，谢谢。”

可见思考对于做好工作的作用和意义。善于思考，乐于思考，主动思考，边思考边工作边改进边创新，这是卓越员工和平庸员工最大区别。

4. 创新致胜，缔造精彩的奇迹

创新是民族进步的不竭动力，创新是企业发展的助推器，创新是一个永远不老的话题。没有创新，就没有进步；没有创新，就没有发展。

什么是创新？就是把我们的创造力运用到工作中，让创造力发挥促进技术进步，增强效率和效益的一种行为。创造力是上天赐予我们的最珍贵的礼物，它能给我们带来许多意想不到的惊喜和精彩。创新创造了许多神话和奇迹，并且还在创造、还将创造更多的神话和奇迹。

美国当年的汽车大王亨利·福特为了创造一种新的生产方式，苦苦思索了很长时间。一天，他偶然在肉店里看到3个人，一人剔牛头，一人剔牛脊骨，一人剔牛腿骨。此刻，灵感忽然在他的脑海里闪现，使他创造出划时代的“流水生产线”，流水生产线大大提高了生产率，为福特公司带来了惊人的效益。

独特的创想总是能让人耳目一新的同时带来惊人的效果，这也是为什么当今世界越来越重视创新的原因之一。

现今，商界竞争越来越激烈，一些小企业或者小公司只有不断运用新奇的点子，才能在大集团、大公司的夹缝里寻求生存的机遇，顺应发展，获得成功。有时哪怕只是一个小小创意，就可以在激烈的竞争中胜出，使创意放出异彩。

在法国的一个城市，刚结束年假回来重新开始工作的人们发现，街头到处张贴着一张张很大的海报。一位穿着三点式泳衣的漂亮女郎，双手叉腰，向来往的行人温柔地微笑，背后有两行法文：

“9月2日，我把上边脱去。”于是，人人都在等待9月2日。

到了9月2日清晨，上班的人们经过海报时，那位女郎依然叉着腰，依然温柔地微笑，但是“上边”真的不见了，露出健美的胸脯。行人发出会心的微笑。他们看到背后的两行字变成:“9月4日,我把下边脱去。”屈指一算,还有48小时,漫长的等待开始了。

整个城市的人们都在窃窃私语,不知道葫芦里到底在卖什么药。新闻记者忙得不可开交,读者电话响个不停,逼得他们四处打探。法国最大规模的旅行社“地中海俱乐部”接到记者的电话:“这是你们的度假广告吧,脱衣俏女郎,这是你们的三板斧了……”街头百货小店的老板,却一口咬定这是袜子广告,因为袜子穿在“下边”,他正好有很多袜子要卖。

9月4日,窗子对着广告牌的人一早便爬起来,迫不及待地往外张望。映入眼帘的是一个转过身去的女郎,一丝不挂,修长的身躯在朝阳下闪着健康的光泽。“下边”没有了,肌肉结实的臀部炫耀地高高翘起,后面有几行字:“未来广告公司,说得到,做得到。”

海报赢得商界的一片赞美声,大家异口同声地说,有很多年没有见过这么出色的设计了,一个广告巨子建议把海报送进博物馆。事实上,广告创意的结果是使得未来广告公司家喻户晓。

这样的创意算得上是惊天动地了、精彩无限了。

随着现代商业社会的竞争加剧,企业不得不各出奇招以求制胜,因而各种创业有彩创意频出,在赢得竞争胜利的同时,也缔造了无数精彩的商业奇迹。

创新才能出彩,创新才能制胜,创新才能赢得竞争,创新才能超越平凡。所以,每一个积极主动的员工都要有意识地培养自已的创新意识,提高自已的创新能力,在创新中提高,在创新中进步,在创新中成功。

古今中外,世界上因创新成大事的人不胜枚举。

“我成大事的秘诀很简单,那就是永远做一个不向现实妥协而刻意创新的叛逆者。”

这是美国实业家罗宾·维勒的话。罗宾·维勒的言行是一致的。我们能从罗宾·维勒的身上看到创新思维对一个人成功所起的作用有多么巨大。

当全美短筒皮靴成为一种流行时尚的时候，每个从事皮靴业的商家几乎都趋之若鹜地抢着制造短筒皮靴供应各个百货商店，他们认为赶着大潮流走要省力得多。

罗宾当时经营着一家小规模皮鞋工场，只有十几个雇工。

他深知自己的工场规模小，要挣到大笔的钱确非易事。自己薄弱的资本、微小的规模，根本不足以和强大的同行相抗衡。而如何在市场竞争中获得主动权，争取有利地位呢？

罗宾选择了两条道路：

一是在皮鞋的用料上着眼。就是尽量提高鞋料成本，使自己工场的皮鞋在质量上胜人一筹。然而，这条道路在白热化的市场竞争中行走起来是很困难的，因为自己的产品产量比别人少得多，成本自然就比别人高，如果再提高成本，那么获利有减无增。显然，这条道路是行不通的。

二是着手皮鞋款式改革，以新领先。罗宾认为这个方法比较妥当，只要自己能够翻出新花样、新款式，不断变换、不断创新，招招占人之先，就可以打开一条出路，如果自己创造设计的新款式为顾客所钟爱，那么利润就会接踵而至。

经过一番深思熟虑，罗宾决定走第二条道路。

他立即召开了一个皮鞋款式改革会议，要求工场的10几个工人各尽其能地设计新款式鞋样。

为了激发工人的创新积极性，罗宾规定了一个奖励办法：凡是所设计的新款鞋样被工场采用，设计者可立即获得100美元的奖金；所设计的鞋样通过改良被采用，设计者可获50美元奖金；即使设计的鞋样不能被采用。只要其设计别出心裁，均可获

50美元奖金。

同时，他即席设立了一个设计委员会，由5名熟练的造鞋工人任委员，每个委员每月额外支取100美元薪酬。

这样一来，这家袖珍皮鞋工场里立刻掀起了一股皮鞋款式设计热潮。不到一个月，设计委员会就收到40多种设计草样，工场采用了其中3种款式较别致的鞋样。罗宾立即召集全体大会，给这3名设计者颁发了奖金。

罗宾的皮鞋工场就把这3个新款式皮鞋试行生产。

第一次将每种新款式皮鞋制作1000双，制成后立即将其送往各大城市推销。

顾客见到这些款式新颖的皮鞋，立即掀起了一股购买热潮。

两星期后，罗宾的皮鞋工场收到2700多份数量庞大的订单，这使得罗宾终日忙于出入各大百货公司经理室大门，跟他们签订合约。

因为订货的公司多了，罗宾的皮鞋工场逐渐扩大起来，3年之后，他已经拥有18家规模庞大的皮鞋工场了。

不久危机又出现了，当皮鞋工场一多起来，做皮鞋的技工便显得供不应求了。最令罗宾头疼的情形是别的皮鞋工场尽可能地把工资提高，挽留自己的工人，即便罗宾出重金，也难以把其他工场的工人拉出来。缺乏工人对罗宾来说是一道致命的难关。因为他接到了不少订单，如无法给买主及时供货，这将意味着他得赔偿巨额的违约损失。

罗宾忧心忡忡。他又召集18家皮鞋工场的工人开了一次会议。他始终相信，集思广益，可以解决一切棘手的问题。

罗宾把没有工人可雇佣的难题告诉大家，要求大家各尽其力地寻找解决途径，并且重新宣布了以前那个动脑筋有奖的办法。

会场一片沉默，与会者都陷入思考之中，搜肠刮肚地想办法。

过了一会儿，有一个小工举起右手请求发言，罗宾嘉许以后，他站起来怯生生地说："罗宾先生，我以为雇请不到工人无关紧要，我们可以用机器来制造皮鞋。"

罗宾还来不及表示意见，就有人嘲笑那个小工："孩子，用什么机器来造鞋呀？你是不是可以造一种这样的机器呢？"

那小孩窘得满面通红，惴惴不安地坐了下去。

罗宾却走到他身边，请他站起来，然后挽着他的手走到主席台上，朗声说道：

"诸位，这孩子没有说错，虽然他还没有造出一种造皮鞋的机器，但他这个办法却很重要，大有用处，只要我们围绕这个概念想办法，问题定会迎刃而解。

"我们永远不能安于现状，思维不要局限于一定的桎梏中，这才是我们永远能够不断创新的动力。现在，我宣布这个孩子可获得500美元的奖金。"

经过4个多月的研究和实验，罗宾的皮鞋工场的大量工作就已被机器取而代之了。

罗宾·维勒的名字，在美国商业界，就如一盏耀眼的明灯，他的成功，与他时时保持锐意创新的精神是密不可分的。

创新思维是一种积极的思路，凡成大事者都有超出常人的创新思维。在残酷的竞争面前，创新思维会给当事人带来生机和活力。毫无疑问，我们必须要保持一种创新思维，用新思维突破常规观念，只有超越自己的过去，才能立于不败之地。

法国美容品制造师伊夫·洛列是靠经营花卉发家的，但却因为他的大胆创新的精神让他摘得法国美容品和护肤品业的桂冠，1960年开始生产美容品，到1985年，他已拥有960家分号，各个企业在全世界星罗棋布，他的一切都来自于他的创新精神，是创新缔造了洛列的商业奇迹。

他在一次新闻发布会上感触颇深地说道："能有今天，我当然不会忘记一个司空见惯的秘诀，而这个秘诀我尽管经常与它擦肩而过，但过去却未能予以足够的重视，也没有把它当作一回事来对待。而现在我却要说，**创新的确是一种美丽的奇迹，它给了我成大事的支点。**"

5. 大胆创新，破除所有条条框框

创新本身就是一个向旧事物挑战，向条条捱捱、成规旧习挑战的过程，所以因循守旧、墨守成规，缺少新的思路，躲在一大堆条条和框框里，只在"守"字上做文章是达不到创新的目的的。现代经济社会的发展日新月异，只躺在原有的基础上睡大觉，终将被历史所淘汰，要想获得100%完美的成功，就要有创新的精神。

要培养创新精神，就要敢于打破常规，要勇于思考，不囿于固有思维，不止步于知识和经验的束缚，大胆超越，勇于破界才能真正有创意思维迸发出来。

一个食品店，一次接到了一位刁钻古怪的顾客的订单。上面写道："定做9块蛋糕，但要装在4个盒子里，而且每个盒子里至少要装3块蛋糕。"这位顾客傲慢地说："贵店不是以讲信誉闻名远近吗？如果连这点小事也办不了，嘿嘿，今后还是把招牌砸掉算了。"

如果你是店员你能跳出这个陷阱吗？

答案是：先将9块蛋糕分装在3个盒子里，每盒3块，然后再用一大盒子将3个小盒子装在里面。

对于勇于思考、大胆创新的人而言，这样的问题却迎刃而解，根本不算问题了。

创新的关键就在于打破常规，独辟蹊径，走出一条崭新的路来。要突破这些陈旧观念，换一种方式考虑问题，从而得出出人意料的解决方法。但可以肯定的是，创新绝不是一般意义上的摹仿、重复、循规蹈矩、似曾相识，大多数人都能想到的绝不是好的创意，实际上根本就谈不上创意。好的创意必须是大胆、新奇、独特、有趣，都蕴涵着无穷的力量，能直接冲进别人的心里，让他成为你的产品的“俘虏”。

克劳斯是美国杰里米冰淇淋公司的创始人。他最初创业的地方是大学宿舍。还是在宾夕法尼亚大学求学期间，克劳斯就在宿舍里做起了冰淇淋。不久，同校的两个伙伴科恩和希尔顿也加入了。于是，克劳斯卖掉大部分债券自己投资，并拿出他高中时挨家挨户上门推销净水器时挣的6万美元，和他们合伙，于1997年6月创立了杰里米冰淇淋公司。经过市场调查，克劳斯发现，冰淇淋的口味已经20年没有变化了，他敏锐地觉察到，这为他们创业提供了一个很好的空间。他采纳了啤酒商萨缪尔·亚当斯的建议，使用啤酒酿造技术制作口味奇特的冰淇淋。他与当地的乳酪厂联系，由他们提供特制的奶酪。

由于口味的创新，使这家小型的冰淇淋公司很快吸引到了风险投资。新产品的新奇形象令人耳目一新，口感奇爽，结果一上市就供不应求。它的风味很快就成为一种饮食时尚，风行欧美及世界各地。1998年公司销售额100万美元，1999年销售额达500万美元。

创意比魔法还要神奇，创意就是智慧的结晶，创意是闪烁的灵感，创意是非同凡响的构想，创意是玩转财富的魔方。

创新的关键就在于打破常规，突破定式，敢于破界，敢想敢做敢挑战。在人们的思维中，西瓜是圆的。然而，国外却开发出了方形西瓜，不易滚动，占据空间小，运输、储存、装卸都方便多了，其独特和新奇当然可以吸引更多的消费者，这就是敢于打破条条和框框、敢于破界带来的效果。只要破了界,看到的必将是另一个崭新的天地。

英国人其特·威廉姆斯曾因全新的创意引起轰动。1980年他创作出版了一本名为《化装舞会》的儿童读物,为了扩大销售量,吸引读者,他在书中要求小读者根据书中的文字和图画猜出一件“宝物”——1枚制作极为精巧、价格昂贵的金质野兔的埋藏地点。结果,两年中,《化装舞会》销售了200多万册。

1984年,经过精心的构思,威廉姆斯再出新招,写了一本仅30页的小册子,内容是关于一个养蜂者和描述一年四个季节的变化,并附有16幅精致的彩色插图。书中的文字和幻想式的图画包含着一个深奥的谜语,那就是该书的名字。此书于1984年5月25日同时在7个国家发行。这是一本独特的、没有书名的书。作者要求不分国籍的记者猜出该书的名字,猜书名的办法与众不同,不是用文字写出来,要将自己的意思,通过绘画、雕塑、歌曲、纺织物或烘烤烙饼的形状,甚至编入电脑程序的方式暗示书名,威廉姆斯则从读者寄来的各种实物中悟出其要传递的信息,再将其转译成文字。不到一年,该书即发行数百万册,威廉姆斯又是大获成功。

一个主动思考的员工就应当具备这种敢想敢做敢于破界的精神,开动脑筋,勤于思考,激荡脑力,开发创意。一旦能把“化腐朽为神奇”的创意包装推广出来,财富也就会滚滚而来。

创新并不是高不可攀的事,每个人都有某种创新的能力。但是有很多时候我们都会因为经验、因为知识、因为思维定式、因为书本、因为眼光等因素而束缚住创新的信念,捆住创新的手脚。敢于思考、善于思考的人还要保证自己思维的完整,不要被任何已有的东西束缚,敢于打破条条框框,突破定式和常规的束缚才行。才能真正放开思想,大胆创新。

思维定式就是从固定的角度来观察、思考事物,虽然有助于提高解决同类问题的速度和能力。但在遇到新问题的时候,就会无所适从、不知所措了，甚至会产生错误的选择。所以要创新成功——要打破思维定式。

如何克服思维定式呢？很简单，就是要经常想到“一切皆有可能”这句话。假如有人问“计算机能煲汤吗？”你一定不要作“荒唐”、“怎么可能”这样的回答，而应回答“没问题！”这样的异想天开就是创造性思维，就是创新之源。

> 曾经有一位专家设计过一个游戏：10几个学员平均分为两队，要把放在地上的两串钥匙捡起来，从队首传到队尾。规则是必须按照顺序，并使钥匙接触到每个人的手。
>
> 比赛开始并计时。两队的第一反应都是按专家做过的示范：捡起一串，传递完毕，再传另一串，结果都用了15秒左右。
>
> 专家提示道：“再想想，时间还可以再缩短。”
>
> 其中一队似乎“悟”到了，把两串钥匙拴在一起同时传，这次只用了5秒。
>
> 专家说：“时间还可以再减半，你们再好好想想！”
>
> “怎么可能？！”学员们面面相觑，左右四顾，不太相信。
>
> 这时，场外突然有一个声音提醒道：“只是要求按顺序从手上经过，不一定非得传啊！”
>
> 另一队恍然大悟，他们完全抛开了传递方式，每个人都伸出一只手扣成圆桶状，摞在一起，形成一个通道，让钥匙像自由落体一样从上落下来，这样既按照了顺序，同时也接触了每个人的手，所花的时间仅仅是0.5秒！

这就是突破思维定式后的结果。我们的惯性思维都认为钥匙要传递必须是通过手传递，而打破这种思维方后，豁然开朗——就从手上过一下不就行了吗？问题迎刃而解。

经验定式也要突破。经验可以解决一定的问题，但如果太相信经验，又往往会落进经验的陷阱无法自拔。所以创新最活跃的大部分都是经验不多的年轻员工。因为他们没有太多经验的束缚，反倒更能激活头脑中的创新思维,拥有更多的想象力和创造力,什么都敢想,什么都敢做,反倒没有那些经验的条条框框思维更自由,因而更能走出一条新的路来。

在荒无人烟的河边停着一只小船,这只小船只能容纳一个人。有两个人同时来到河边,两个人都乘这只船过了河。请问,他们是怎样过河的?很简单,两人是分别处在河的两岸,先是一个渡过河来,然后另一个渡过去。

对于这道题,有些人大概“绞尽了脑汁”。的确,小船只能坐一人,如果他们是处在同一河岸,对面又没有人,他们无论如何也不能都渡过去。因为根据经验和我们提问题的习惯,这些人的头脑中已经形成了两个人到达了同一处河岸这样的定式,当然绞尽脑汁也想不出正确的结果了。

对于创新思维的培养来说,思维的定式是比较可怕的,创新思维的缺乏也往往是由于自我设限造成的,随着时间的推移,我们所看到的、听到的、感受到的、亲身经历的各种现象和事件,一个个都进人我们的头脑中而构成了思维模式。这种模式一方面指引我们快速而有效地应对处理日常生活中的各种小问题。然而另一方面,它却无法摆脱时间和空间所造成的局限性,让人难以走出那无形的边框,而始终在这个模式的范围内打转转。

所以,要创新,必先打破这种些条条和框框,勇敢地冲破传统的看事物、想问题的模式,从全新的思路来考察和分析当前的问题,进而才有可能产生大的突破。

经验的定式也需要突破的。再好的经验也会成为过去,如同高科技产品一样,今天是博览会上的高、精、尖,明天就可能成为博物馆里的“古董”。所以,不要总是套用老经验,这样可是非常不利于创新的。

小虎鲨的故事是西点军校学员的“反面教材”。

小虎鲨长在大海里,当然很习惯大海中的生存之道。肚子饿了,小虎鲨就努力找大海中的其他鱼类吃,虽然有时候要费些力气,却也不觉得困难。有时候,小虎鲨必须追逐很久才能猎到食物。这种难度,随着小虎鲨经验的增长越来越不是问题,也不会对小虎鲨的生存造成影响。

很不幸,小虎鲨在一次追逐猎物时被人类捕捉住了。离开大海的小虎鲨还算幸运,一个研究机构把它买了去。关在人工鱼池中的小虎鲨虽然不自由,却不愁猎食,研究人员会定时把食物送到池中。

有一天,研究人员将一片又大又厚的玻璃放入池中,把水池分割成两半,小虎鲨却看不出来。研究人员把活鱼放到玻璃的另一边,小虎鲨等研究人员放下鱼后,就冲了过去,结果撞到玻璃,疼得眼冒金星,却什么也没吃到。小虎鲨不信邪,过了一会儿,看准了一条鱼,“嗖”地又冲过去,这一次撞得更痛,差点没昏倒,当然也没吃到鱼。休息10分钟后,小虎鲨饿坏了,这次看得更准,盯住一条更大的鱼,“嗖”地又冲过去,情况仍没有改变,小虎鲨撞得嘴角流血。它想,这到底是怎么回事?小虎鲨趴在池底思索着。

最后,小虎鲨拼着最后一口气,再冲!但是仍然被玻璃挡住,这回撞了个全身翻转,鱼还是吃不到。小虎鲨终于放弃了。

不久,研究人员又来了,把玻璃拿走,又放进小鱼。小虎鲨看着到口的鱼食,却再也不敢去吃了。

经验告诉我们的只是过去成功的过程,而不是未来如何成功。你千万不要以为在人生这个广袤的大海里,只能抱着那些曾经的经验,在祖辈开辟的领海中游弋。与死守老经验的人不同,具有创新思维的人长了一身的“反骨”。别人拿苹果直着切,他偏偏横着切,看看究竟有什么不同;别人说“不听老人言,吃亏在眼前”,他偏不听,偏要自己闯闯看。具有创新思维的人不愿死守传统,不愿盲从他人,凡事喜欢自己动脑筋,喜欢有自己的独立见解。他们思想开放,不拘小节,兴趣广泛,好奇心重,喜欢标新立异,最爱别出心裁。因此,具有创新思维的人脑瓜活、办法多,最能创造出好成绩。

创新是一个永远不老的话题,创新并不是少数几个天才者的权利,每个人都能创新。只要你主动思考,积极求新,改变思维,突破定式,打破所有条条和框框,就一定可以进入一个全新的创意空间,升发出精彩的创意。

6. 敢想敢做，将想法付诸行动

创新其实是一种竞争心态,将这种心态摆在你的行为模式里,时时有着创新的意识,那么你就会随时都有一种寻找创新机会的心理反应,就有了创新的敏锐观察力,就会随时发现可以创新的基点。这样,就不会让能体现创新的机会从你的眼皮底下溜走。

有了创新思想,在同一个竞争体制下,你就有可能独辟蹊径,超前胜出,做到领先,取得竞争优势。

皮尔·卡丹的“卡丹帝国”从时装起家,几十年来,他始终是法国时装界的先锋。1983 年,他在巴黎举行了题为“活的雕塑”的表演,展示了他多年设计的妇女时装。虽然岁月已流逝了二三十年,可他设计的这些时装仍然显得极有生命力,并不使人有落后的感觉。

回顾皮尔·卡丹的成功之路,不难发现他自从步入法国时装业,就以服装设计敢于突破传统,富于时代感、青春感而著称。早在 1955 年,皮尔·卡丹就因新奇大胆的思想和敢于超越的创新思想而不容于同行,被逐出巴黎时装协会——辛迪加,然而他的服装设计并未因此而窒息,反而加速发展。他在厚呢料大衣上打皱折;用透明面料做胸前打折的上衣;给新娘穿上超短裙;让模特穿上带网花的长筒袜;他还设计出“超短型”的大衣、气泡裙;用针织面料为男士做西服……他在20世纪60年代末,推出一套女式秋季服装,就是以式样新、料子柔、做工精而成为时髦女郎和年轻太太的抢手货,一时轰动了巴黎。由于皮尔·卡丹时尚、前卫的设计思路和刻意追求标新立异的设计风格,使他的服装帝国迅速崛起,并使法国的时装界“卡丹革命”的旋风一直劲吹不止。

独树一帜、独具一格的思路直接决定我们的出路,对企业、对个人,皆然。纵观在职场中呼风唤雨的成功者,一般都不是那种因循守旧的人,而是能够在创新的立场上考虑各种问题的人。

曾有个纺纱厂因设备老化,造成织出的纱线粗细不均,眼看就要产生一批残品,遭受到重大的损失,老板很是头痛。

这时,一位职员提出,不如“将错就错”,将纱线制成衣服,因为纱线有粗有细,衣服的纹路也不同寻常,也许会受到消费者的欢迎。

老板觉得有道理,便听从了职员的建议。果然,这样制成的衣服具有古朴的风格,相当有个性,很受大众的欢迎,推出不久便销售一空。就这样,本会赔本的“残品”却卖出了好价钱,获得了更多的利润。

创意精彩绝伦,创意价值无限,但如果不付诸于行动,也不过是空想。

多年前,管理大师德鲁克语气强烈地说了“**不创新,即死亡!**”这句话。确实是这样,尤其是在工作中。没有了创意,你就只能接受平庸,也只能平淡无奇地度过自己的一生。可见,你想要领先于别人一步,让自己的生活更加美好,创意就是你打开财富和成功的一把钥匙。你可以想象,商界的人物哪一个不具备创造力,比如约翰·洛克菲勒和比尔·盖茨等,他们每一个人都具备这样的能力,这种能力让他们取得了卓越的成就。

但是,再怎么好的创意,如果永远只留在心里,永远只是一个想法,还是没有任何的意义。只有靠切实的行动,才能真正把创意变成创新,把想法变成产品，从而实现自己的目标。

米老鼠的形象家喻户晓，说到米老鼠，就要说说它的“爸爸”——卡通大王沃特·迪斯尼。

迪斯尼1901年出生于芝加哥，他在18岁时开始以绘制商业广告为生。后来，他开始研究创作动画片，而厂址就在好莱坞一间破旧的，而且还有老鼠经常出没的汽车房里，迪斯尼一有空闲，就会饶有兴味地观察钻出钻进的小老鼠。

有一次，他看见一只小老鼠非常可爱，便抓起笔即兴作画，一只穿着红天鹅绒裤、黑上衣、戴着白手套的小老鼠在画纸上出现了。突然，他发现这是一个非常好的创意。于是，在妻子的建议下，这只小老鼠有了名字，米奇(Micky)就这样诞生了。迪斯尼和助手尤布对米奇的形象进行设计，塑造了一只对弱者同情，对强者却很淘气，好打抱不平，不自量力，急躁而且粗心的老鼠。当时，报纸上全是查尔斯·林白首次单人驾机飞越大西洋的事迹，迪斯尼和尤布觉得应该好好利用这个机会。于是，草拟了一部叫《疯狂的飞机》的电影脚本，尤布立即着手绘制草图，很快就按照剧本的内容搞出了雏形，迪斯尼看后非常满意。之后，他们正式开始制作了。

他们制作的第三部《“威利”号汽艇》取得了很大的成功，米奇席卷全球，那只有着大而圆的耳朵、穿靴戴帽的小老鼠随着轻快的音乐而跺脚、跃动、吹口哨，这样一个可爱的形象博得了观众的喜欢。1932年，《“威利”号汽艇》获得了奥斯卡特别奖。

为什么人人讨厌的老鼠能被这么多人喜欢，因为迪斯尼。迪斯尼创造出来的米老鼠成了全世界儿童心中的精灵。米老鼠的形象不仅吸引了数百万的观众买票进入电影院，而且与米老鼠相关的其他各类产品——迪斯尼绘制的唐老鸭、维尼熊、高菲狗等卡通形象，使得迪斯尼所建立的沃特·迪斯尼公司迅速成为美国卡通界的领军角色。而这一切都源于一个创意,那就是一只小小的老鼠,更源于一次行动——把创意变成了人人喜欢的故事,变成了人人爱看的动画。

美国甲骨文软件公司创始人拉里·埃里森在耶鲁大学毕业生典礼会的演讲上,道出了一番最为惊世骇俗的话,他说世界上最富有的人是从大学退学的人,如:比尔·盖茨、艾伦、戴尔等,包括他自己。要想成为世上最富有的人,那就赶快从大学退学吧!耶鲁大学毕业生只配给他们这些中途退学创业的人打工。他的话虽然看似偏激,但是社会上确实存在这样一种现象,那就是很多富人并没有正经的完成学业,比如华人首富李嘉诚。包括各种行业的人才,科学、文学、影视等一些行业,都不乏这样的例子,那些在某个领域里成功的人并不是一开始就是在那个领域成长起来的人,而相同的是,他们都是实干家,把自己的想法付诸于实际行动,而不是空谈。

1921年,《纽约时报》为纪念电报诞生25周年,在那天发表了一篇评论。评论中透露了这样一个信息:现在人们每年接收的信息是25年前的25倍。

这句话对于多数人来说,就是一句普通的话,读后就忘记了。但是,有些人就能从中获得他们认为重要的商业价值。在美国,至少有16位人士立即对这一信息做出反应,那就是准备创办一份文摘性刊物,他们在不到3个月的时间内,都到银行存了资本金,并且办好了营业执照。

但是,在他们去邮政部门办理有关发行手续时,却被告知,鉴于当时社会的情况,此类刊物暂时不能办理发行,也不能确定开禁时间。

得知这个消息后,有15个人认为局势不利,于是递交了暂缓执行的申请。但是,其中一个名叫德威特·华莱士的年轻人却并没有放弃。而邮政人员的这句话恰恰帮助他打败了其他竞争者。

当时市场上还没有出现过一本文摘类的杂志，华莱士突发奇想：人们每天都在为选什么样的文章看而发愁，他们没有时间和精力去判断哪些文章好、哪些文章不好，如果我把文章选好后给他们看，一定会得到他们的认同。

他把这本与众不同的杂志样本取名为《读者文摘》，当他把杂志寄给出版商时，因为想法新奇，被出版商拒绝了。华莱士坚持自己的看法，他认为这是一个非常好的创意，也一定会收到很好的效果。他自己发出了征订单，结果和他想的一样，受到了好评。就这样，《读者文摘》诞生了。

1981 年，华莱士病逝时，他创刊的《读者文摘》在世界浩如烟海的杂志刊物中，以 16 种文字出版发行，年销量 3000 多万本，读者达 1 亿。

阿斯本说过："文明的历史，基本上乃是人类创造能力的记载。"由此可见，创造性人才是各个用人单位必"争"的人才，而固步自封、因循守旧的人只能成为时代的落伍者。我们有必要激发自己内在的、固有的潜能，激发出精彩的创意，并把这些伟大的想法付诸于行动，把幻想变成现实，把创意变成产品，创新就真正落到实处了。

创新能力是上帝赐予每个人的珍宝，是我们保持活力和朝气的原动力，创造力让我们在前进的路上避开行不通的死路，获得创新的灵感，并以积极主动的态度把这些创新的灵感付诸于行动，让创新力推动我们不断前行永不后退。所以，每一个和积极主动的员工都不要糟蹋了这个珍宝，而要把它利用好，让它成为帮助我们成功的重力武器。不断前行，永不后退。

第八章　主动节约，不浪费一丝一毫

每一个员工的节俭都会有助于企业的成长，每一个员工的节俭都会为企业的发展增添一份力量。主动节约的员工明白节约的重要，知道省下的都是赚到的，节约就是增收，所以他们不浪费一丝一毫，从最细微处、最点滴处，用心节约，主动节约。

1. 主动为企业节约，也是为自己谋利

主动为企业节约,其实也是为自己谋利益。

“大河有水小河满,大河无水小河干”,只有企业有了,自己才会有;如果企业亏损,企业不发展不壮大,个人利益又从何谈起?

企业与员工事实上结成了利益上的共同体。只有企业获利,员工才会最终获利;也只有员工获利,企业才可能实现可持续的发展,节俭是员工和企业的双赢。主动为企业节约,实际上也是在为自己谋利。

朋友是家私企的老板,公司很小,一共只有10个人,但是一年的水电费和办公费却不是一笔小的数目。后来,朋友经过仔细分析发现,造成这笔开支的原因有两个方面,浪费是一方面,另一方面就是员工不爱惜公司财物,没有把公司当做自己的家。

于是,在年初的时候,他召集所有成员开了一次会,内容就是如果今年水电和办公费用比去年少,那么中间这个差额就当做额外的补助发给大家。而如果费用比去年高,那么高出来的部分,就从大家的年终奖里面扣。

当大家都注意到了自己的所作所为与自己的利益挂钩时,效果是很明显的。虽然省下来的钱并不多,但是却调动了员工的积极性,达到了节约的目的,并且让员工自觉养成了节约的习惯。如果谁忘记了关灯,就会有人立刻过去把灯关掉,而不会视而不见,无动于衷。

其中有个员工每次都把自己手上的纸张充分利用,从来不会留下空白之处,就连呈递的报告也是二次用纸,不管什么时候都想着节俭。这让朋友很感动,到年终的时候,额外奖励他2000元钱。

许多员工认为自己只是一个打工者,与公司只是一种雇佣与被雇佣

的关系，甚至有意无意地将自己置于同老板或上司对立的地位，总是认为公司的一切与自己无关，节约下来的一切也只是给公司节约，对自己没有一点好处。这实在是一种错误的认识。虽然工作与取得报酬有直接的关系，但事实并没有这么简单，如果让这种想法控制你的思想，那么可以断言，在你的职业道路上也不会有什么好的发展。而那些处处为企业节省的人，自然有更好的前途。

小张是公司的销售代表，常年出差，但是他每次都是坐火车，而且是硬座。即使到了另一座城市，他也从来不坐出租车，总是去挤公交，只有时间快赶不上了，才坐出租车去。有的同事很奇怪，问他："反正公司给报销，为什么每次都让自己这么辛苦？花公司的钱何必像花自己的钱那样心疼呢？"

小张的话让这位同事茅塞顿开："现在企业竞争这么厉害，公司本来利润就不高，如果我们每个人都不为公司省钱，那公司就会没利润，甚至亏损，等公司经营不下去，倒闭了，我们连工作都没有了，最后吃亏的还是我们。而公司如果盈利了，肯定也不会亏待我们。"

小张舍得为企业节约，企业也给了小张回报——每年年底都会多给小张 1000 元的额外奖金，而且升职最快的也是小张。

主动为企业节约，积极为企业省钱，不仅是每一个员工的义务和责任，更是员工走向优秀的基础。

每一个员工的节俭都会有助于公司的成长，每个员工的节俭都会为公司的进步增添一份力量，自身节俭和促进公司的成长是每一位员工义不容辞的责任，只有懂得节俭的员工才能为公司创造更大的价值，只要你也是这样去想去做，你就会成为公司的支柱。这就好比英特尔公司总裁安迪·葛洛夫所讲的那样："不管你到哪里工作，都不应该只把自己当成员工——应该把公司看作自己开的一样。要有一个企业属于自己的心态，要把公司当作自己开的，以老板的心态对待公司，你就会成为一个值得信赖的人,老板将会乐于雇用你,乐于给你升职的机会。这就是在职场出类拔萃的重要秘诀。”

企业与员工其实是一体的。一个不热爱企业的员工注定不可能成为企业倚重的信任的员工,他也不可能将身心彻底融入公司、尽职尽责、处处为公司着想。你的工作品质以及从工作中所获得的满足感都掌握在你自己手里。每一个员工的共同努力才促成企业的蓬勃发展,为企业工作就是为自己工作,为企业赚钱就是为自己赚钱,为企业节俭当然也就是在为自己节俭。不管薪水是谁发的,最后分析起来,其实你的老板就是你自己。每一名员工都应有一种为公司节约的意识,只有公司赢利,员工才会赢利。所以,为企业节约,其实也就是在为自己谋利。

2. 主动节约从杜绝一切浪费开始

浪费是财富的天敌。只要有浪费存在,即使生意再兴隆,财源再广,也如漏斗积水,终究积存不住,财富和利润终有一天会被浪费吞噬得干干净净!所以,一个主动节约的员工,首先要杜绝一切浪费。

中国有句俗语,“吃不穷,穿不穷,挥霍浪费一世穷。”可见节俭并不是要求人们节衣缩食,不吃不喝,而是要不浪费。人勤快,不浪费,假以时日,谁都可以富裕起来的。所以,但如果挥霍浪费,浪费无度,必然败家败业。所以,许多知名大富豪都是勤俭朴素的榜样。

在人们的印象里,富豪应该是开着名车、住着豪宅、出手阔绰的一群人。但台湾很多有钱人,尤其是那些拥有数百亿元资产的超级富豪却“反其道而行之”,在衣食住行上奉行简单原则。他们的俭朴生活也改变了台湾人的奢华之风。绝大多数没有私人飞机和游艇。以国际公认的“真正富豪入门车——劳斯莱斯”来说,10几年前台湾只有武打明星王羽购买了一辆,亿万富豪都没有。只是近几年,才有一些人相继购买了劳斯莱斯,但像宾利那样的超级豪华车,在岛内还是很少见。很多富豪的专车甚至是最普通的轿车,像裕隆集团的掌门人吴舜文从创立裕隆汽车公司至今,其专车始终是裕隆自己的产品,一辆车的价钱不过30万元人民币左右。其他人像台塑集团董事长王永庆、远东集团掌门人徐旭东和航运巨头张荣发等亿万富翁,他们的专车也都不是国际上公认的豪华轿车。如果光看专车,很多人或许会以为台湾没有富豪,其实他们只是不想浪费而已。

浪费带来的损失是惊人的、可怕的。我们平常说要节约每一滴水、每一张纸、每一度电,确实,这些都有可能造成浪费,但这些与决策性的浪费、资源性浪费、生产性浪费相比,就是小巫见大巫了。倡导节俭,首先就是要杜绝浪费,不仅要减少日常生活中的浪费,最关键的还在于要减少生产中的浪费,这样才能促进企业的发展,才能为国家为企业也为每一个员工都带来实实在在的好处。

在著名的思科公司,员工节俭已经成为一种习惯,员工们都在想方设法为企业节俭。思科的员工会将喝剩的矿泉水瓶装入背包带走,以防止浪费。思科所有员工出差,一律坐经济舱。为什么思科的员工都能够自觉地进行节俭呢?能够通过节俭使企业和员工获得双赢是他们节俭的动力所在。

以2003年为例,思科公司通过各种手段降低的开支高达19.4亿美元。思科3万多名员工,每人都有公司股份,公司"抠"出效益,大家都受益。

思科公司实行的是全员期权方案,员工的待遇就是工资加股权,全员享有期权,40%的期权在普通员工手中,一名思科普通员工,只要干满12个月,在股权上的平均收益是3万美元。如果能够节俭,当然自己也能够获得实惠。此外,公司还把节俭下来的资金用于员工的培训,使员工的工作能力进一步得到提升。思科公司曾经投入上百万美元进行员工培训,以在行业好转的时候迅速拉开和竞争对手的差距。公司曾经聘请在好莱坞工作过的导演给员工做沟通方面的培训,12 人的课程培训了 3 天,每人 5000 美元的费用。这些培训费用都是思科公司平时节俭下来的资金。

节俭给思科的员工带来了切实的好处,思科公司的员工工资高于业界的平均水平,用员工自己的话说,虽然不是最高的,但也是在工资水准的前 1/3 的梯队之中。当然,思科的节约也不是教条性的,如果有人能喝 10 瓶水,也绝对不会有人指责他浪费。在思科公司,物尽其用并不是浪费。

可见,要倡导节俭首先要杜绝浪费,只有消除了浪费,从一度电、一粒米、一张纸处去节省才能真正有意义,不然的话,节俭的速度永远也不可能比上浪费的速度,节俭下来的还不如浪费的零头,那又有什么意义呢?

江苏省某民营电机企业,老板自筹资金修建厂房,厂房旁边有一条小河,为了控制成本,制订了严格的惩罚措施:如果谁损坏了机器设备,就罚 1000 元。但执行措施始终停留在手工操作状态,而且也没有见到应有的成果。几年过去,企业因发展而搬迁。临走之前,无意中抽干了旁边的小河,却发现了一个惊人的事实:很多电机组件丢在里面,几乎填满了河底。原来库房管理不严,职工把搞坏的零件都扔在河里了。粗略一算,损失居然达千万元之多。试想,仅仅是电机浪费就有千万元之巨,其他的浪费还有多少?如果这些浪费都没有发生,每一个员工都能尽职尽责而且为企业着想,那企业利润又会增加多少?

可见浪费多么可怕,浪费是利润的最大敌人,**杜绝浪费就是创造利润**,要节俭首先要杜绝浪费。如果每一个员工都坚决杜绝浪费,企业的效益肯定会提高很多,员工的效益也必然会增加了。员工的节约办公意识和行为,将会大幅度提高企业的经济效益,增强凝聚力,提高竞争力,降低成本,使企业在风云变幻的市场中立稳脚跟。

很多企业的浪费都随处可见，比如长明灯、长流水，“跑、冒、滴、漏”，乱扔的零件什么的，这些都是极容易发现并且也极容易改正的浪费现象。只要稍稍有些责任心和节俭意识的员工都可以做到不浪费这些东西。更高难度的节俭是发现潜在的浪费，针对浪费提出改正的方法，做到真正意义上的消灭浪费。在工作中发现浪费并消灭浪费的方法，会给企业和自己带来更好的回报。

事实上，浪费可能隐藏在各个小环节之中，要想把这些“深藏不露”的浪费“揪出来”，就必须做到精益求精，让节俭深入到每一个生产销售环节，深入到每一个员工心中，深入到企业的每一个角落。

就拿打印纸来说，按照一般的使用方法，打印纸打印一次后便会作为报废资源被送进垃圾箱里。如果建立一个“回收站”，把这些打印了一面的打印纸归拢起来，当我们打印一些不是很重要的文件或者内部资料的时候，便可利用它的背面进行打印。那么公司每年就可以节省出约一半的打印纸张费用了。

在企业中，还是有很多员工缺乏节俭意识，有的员工有节俭意识，他们只对自己家的财物“抠门”，对于公司财物的损坏、浪费却熟视无睹，让公司白白遭受损失，自然也使公司的开支增大，成本提高。有的甚至趁公司领导不注意的时候，把公司的财物顺手牵羊，据为己有；有的在公司里肆无忌惮地用公司电话闲聊或煲电话粥；有的还会借着业务交往，趁机收受回扣，凡此种种，不一而足。但有一点是可以肯定的，那就是没有一个公司领导会喜欢这样的员工。如今，大势所趋，节俭必行，越来越多的企业提倡节俭精神，节约公司的每一分钱、每一分钟、每一张纸、每一度电、每一滴水、每一块煤、每一克料。浪费是可耻的，是每一个企业的老板都不能容忍的。

有一年，华为公司总裁任正非去新疆办事处视察工作，当时华为的新疆办事处主任刚从业务一线提拔起来，基于中国传统企业对高级领导“巡视”的重视，他特意租用了一辆加长的林肯牌轿车去机场迎接任正非，任正非刚下飞机，看到接他的是一辆豪华轿车，当时就非常气愤，上车后就把办事处主任狠批了一顿。他认为租用这样的豪华轿车来机场接他纯属是极大的浪费，办事处的普通车辆就足够了，即使办事处车辆不够，他也完全可以坐出租车去办事处，任正非越说越生气，最后干脆指着那位主任说："再说你只要派司机来就可以了，为什么还要亲自来迎接？现在你应该待的地方是客户的办公室，而不是坐在迎接我的车里！"

要是明知是浪费还为之，这样的做法其实是一种更大的浪费。所有的老板都不会欣赏把企业的钱不当钱来花大手大脚的员工的，这样的员工注定没有前途。

所以，积极主动的员工要从杜绝浪费开始你的节俭行动。以勤俭节约为荣、以铺张浪费为耻，克服"家大业大，浪费点儿无所谓"的错误思想，克服大手大脚、挥霍浪费以及奢侈享乐的行为，真正把企业当成自己的企业，以主人的身份和意识来服务企业，发现浪费，并积极努力地去消灭浪费，才能从根本上彻底杜绝浪费。

养成勤俭节约、减少浪费的良好风气，对于企业与员工都很有好处。主动积极为公司着想的员工当然是那些能发现浪费并努力去消除浪费的人，而绝不可能是不懂节俭，挥霍浪费的人。

3. 想方设法为企业降成本

生产中的高昂成本，是许多中国企业的症结所在。麦肯锡公司就此一针见血地道破了天机：**中国企业是成本优势的"巨人"，也是成本管理上的"侏儒"**。

我们可以算一笔简单账，假如一件产品的售价是 100 元，成本是 90 元，那么利润是 10 元；如果把成本降低 10 元，利润就变成 20 元了。这说明了一个问题，成本降低 10%，利润就增加 100%。在企业的实际运作中，经常是削减一分的成本，就可以增加成倍的利润。

可见节省成本就是增加利润。

降低成本是企业追求的目标，但却是一个长期的过程。这个过程不仅需要企业上下的共同努力和通力合作，还需要所有的员工都在心里有一个节省成本的观念和意识，时时把节省成本等于赚取利润的观念放在心上，全员努力，持之以恒，才能见到成效。成本管理也不是一劳永逸的事情，它需要企业的每一位员工的长期努力，所以，员工对成本的态度决定企业节省成本的多少。

周涛任内地一家工厂的管理顾问，老板给的指标是年销售量增加30%，周涛问老板：能不能换个指标，变成年利润增加30%？老板当即拍掌高兴地说：当然行，但利润指标难度更大，你有把握吗？

周涛很干脆："当然能，因为只需要降低成本即可。"

老板说："我已经很抠了，只怕成本是降不下来了。"

周涛却信誓旦旦："我保证。但必须让员工都听我指挥。降低成本不一定是通过节省，有时，有些钱不舍得花，反而导致成本更高；有些成本是可以避免的，因为不增值。"

第二天开始，周涛给工厂全体管理层上了一课，要求每个部门、每个环节检查：在工厂的运营过程当中，哪个环节是高增值？哪个环节是低增值？哪个环节是不增值？如何减少不增值的活动？让每一个员工都把成本观念刻在心上，每时每刻都想一想，这样做是不是会增加成本。

第一步是仓库。老板为了节约成本，请了自己的岳父做仓管主管，再配两个仓管员。岳父虽忠诚可靠，但仓库长期混乱不堪也没人敢有意见。

原材料种类太多，到底库存多少没有精确数据，导致采购出了问题；要不就是采购太多，造成呆滞料；要不就是采购不及时，造成停工待料。

然后是半成品仓库、成品仓库也陆续发现许多不增值的流程，造成过多的资金压在生产环节当中。

其实，光是管好仓库，配合好生产与采购，成本就能下降10几个百分点。

第二步是采购，采购每降低1元，就是1元的纯利润。

经过近一个月的研讨、争论、定目标、定方案、执行、反馈，一切围绕是否增值，如何高增值，所有的员工终于明白了花钱和做事的标准，也明白了“向管理要效益”是怎样一回事。

工厂原来贴了很多标语，如“团结、创新”等，周涛让人统统撕下来，换上两句话：“这件事增值吗？”“我们工厂还有浪费吗？”这两句话成为全厂员工的座右铭，每一个员工都按照这样的标准来工作来做事情，几个月下来，企业的成本下降了30%，也就是利润增加了30%。一年之后，适逢国家宏观调控，许多同行无以为计，甚至倒闭，但周涛服务的企业却成为当地行业老大，老板非常感激，几乎视他如神明。但周涛明白，他只不过是做了一个引路人的角色，真正为企业省下成本的是每一个员工，每一个把成本观念刻印在心的员工。

可见如果企业所有的员工都有一个节省成本的观念并将之付于行动，即使在极短的时间内也可能显现出明显的效果来，就像周涛服务的这家公司一样。

世上有一笔简单的账，简单得恐怕连小学生都会算：一个水池的现有水量，等于流入的水量减去流出的水量。如果流入的量是固定不变的，流出量的减少就意味着水池的水会越来越多。

同样的道理，对于一个企业来说，收入如果固定不变，而开支减少的话，企业的利润会相对增加，也就相当于增加了产量，提高了收入。

但遗憾的是，身为员工的许多人却不会或不愿算这笔简单的精细账。

像松下这样的世界500强企业多是财大气粗者，一个员工的浪费对于整个公司来说不过是九牛之一毛，但公司几万甚至几十万员工如果都浪费的话，这些不经意的“流水”流走的就将是一笔巨大的资产。因此，世界500强中的所有企业反而比一般中小企业更加强调员工要养成节俭的良好习惯。如有人胆敢违背这条原则，其结果必然是为企业所处罚、抛弃。

杰克毕业后，幸运地成为了世界500强之一——福特公司的一名职员。这里工作环境好，报酬也丰厚，升迁的机会也颇多。杰克工作十分努力，也做出了一些成绩。年终他被上司召见，心中不免漾起希望。于是，他正襟危坐、静候佳音。

“杰克，你这一年的工作情况很好。不过，公司为控制成本，要紧缩人事，这是件不得已的事，想必你能谅解。按照规定，你可以领取3个月的失业金，相信你很快就能找到更好的工作。”

他被这突如其来的决定惊呆了，有些不知所措，甚至怀疑自己是不是听错了，于是他壮着胆子问：“您的意思是说我被炒鱿鱼了？我到底犯了什么错？难道因为我工作不努力或者能力不够吗？”

“请不要激动，公司能从几百个应聘者中选中你，完全可以看出，你个人的能力是没有问题的，工作也非常努力。但遗憾的是，你并没有把自己当作是企业的一员。”说着，上司拿出一份资料，“据我们的观察和记录，你在一年中的出差成本比同类员工的成本高出30%。从你报销的单据可以看出，你从来没有乘坐过比出租车更为方便和快捷的地铁交通，也从来没有吃过旅馆为每位住宿客人提供的免费早餐。另外，你在办公用品方面的领用率也几乎是别人的两倍，而你拿给我的工作报告也都是打在崭新的打印纸上的……”

按照普通人的想法来看，杰克工作努力，又有能力，浪费点又有什么关系呢？但从福特公司来看，却完全相反。福特能连续多年雄踞世界500强前列，其成功的秘诀就是“质优价廉”——其同类产品比别的厂家一定要便宜。正是靠这种微小的差别，他们才得以战胜对手，赢得顾客的青睐。这就要求企业必须要严格控制成本，否则公司赢利的目标就无法实现。所以，福特公司岂能容忍一个浪费金钱如流水的员工存在呢？

多做一点点，多节俭一点点，并不需要花费很多时间，也不需要多强的专业技能，只是需要更多的主动和认真，更多的自觉和自愿。

没有节俭办事的观念，没有成本观念，就必然会带来损失，而且这种损失要比我们所想象的大得多。有一位企业家曾经说过一句名言：**“降低成本不需要技巧只需要决心。”**此话告诉我们一个事实：态度比手段更重要！要从根本上降低企业的成本，甩掉企业庞大的成本包袱，轻装前进，提高利润，需要的正是每一位员工对待成本的态度、降低成本的决心和深植于心的节俭观念。

4. 千方百计为公司节省开支

优秀的员工总是千方百计为企业节省开支，因为开支大了收入肯定小，省一分的开支就等于多了一分收入。

优秀的员工从不小看一分一角，世界上所有规模庞大、实力雄厚的企业，都不是凭空产生的，而是靠着所有员工一点一滴创造、一分一分节省出来的。每一个企业员工都要学会关注点点滴滴的开支，从细微处节省，省下一分就等于赚取了一分。时时、处处都能节省，就等于时时、处处都在赚钱。所以，要节约每一张纸、每一滴水、每一度电，出差办事、业务招待、公物使用都要用心节省，花企业的钱要像花自己的钱一样抠，不占用企业的一纸一笔，想方设法为企业节约。

沃尔玛店内装修简洁，尽量利用所有的货架空间储存、陈设商品。价格不是标在每件商品上，而是统一标于货架，只要通过扫描商品的条形码，收银机便会准确地收取货款。商品多以大包装出售，以降低单独包装的成本。高级管理人员出差只许乘坐三等舱、住双人间，连老板沃尔顿本人也不例外。当公司总资产达到100亿美元时，沃尔顿出差时依然住中档旅馆，与同行人员合住一个房间，而且只在廉价的家常饭馆就餐。

有一天，一位新员工在给顾客包装商品时，由于技术不熟练，多用了半张包装纸，绳子包扎完后又多剪了一段，而这事恰好被巡视的沃尔顿撞见了。他讲了一番引人深思的话："小伙子，我们卖的货是不赚钱的，只是赚一点节约下来的纸张和绳子钱。"

抠门和小气，在中国词语中带有贬义，但是，对于做企业来说，对于企业老板来说，却是必须有的管理理念和行为习惯。

抠门并不是不花钱，而是不乱花钱，将钱用在关键的地方，用在最需要的地方。所谓抠门，就是不该花钱的地方一分钱也不花，该花钱的地方精打细算。

不管是一张纸、一滴水、一度电、一分钱，我们都要节约。不要认为这是"寒酸"、"小气"，是"吝啬"，不要把这当成一件小事而不屑一顾，这是一种光荣，这是一种精神，也是一种品质。

公司里往往会有一些这样的人：在公司里毫无节制地使用公司的物品，能浪费的绝对不省着，用不了的就往家里拿。别说什么贵重东西了，就连墨水、打印纸、圆珠笔之类不值几个钱的，也往家里搬。他们往往不在乎那些东西值不值钱，只要是公司的统统都不放过充私的机会。并且得意洋洋地向家人或朋友炫耀自己可以为他们提供这些免费资源。别看这些小物件不起眼，公司要为每个人配备充足的话，也要消耗很大的一笔开支。这对于企业，对于大家都没有任何好处。

不要总想占企业的便宜，不要拿走企业的一纸一笔一针一线，因为从这些小事中可以看出一个人的职业品德和修养，这些细小之事，对你职业生涯的影响将是决定性的。真正节俭的员工是不会让企业的开支浪费在这些"私人占有"上的，他们不仅自己不会拿一分一厘，也不会允许任何人拿走一纸一笔。

5. 一心一意为岗位增效益

效率提高，费用就会降低，这是一个非常浅显的道理，因为在效益提高就意味着收益增加而成本下降,那么利润就高了。提高工作效率就是省时省力省钱,是最好的节俭方式。优秀的员工总是不断提高自己的岗位效率,从而在每一件工作中都为企业节俭开支。

优秀的员工会记住自己的岗位责任,坚守自己的职责,保证自己的岗位不出任何差错,让工作零缺陷,保证岗位高效率,从而降低开支,增加利润。

有的员工做事马虎,总认为做事情不可能没有瑕疵,不可能零缺陷。其实是在为自己有缺陷的工作找借口。所有的工作,只要用心,只要认真去做,零缺陷绝不是什么难以企及的神话。

在第二次世界大战中,就曾发生过一个这样的故事,盟军委托一家军工厂生产降落伞,其要求就是每副降落伞都必须保证100%合格。由于跳伞的都是活生生的盟军士兵,盟军指挥官有责任和义务保障自己士兵的生命安全。然而生产厂家却认为100%合格的产品几乎没有,难以达到目标。后来,盟军指挥官想出了一个好方法,就是把生产出来的降落伞随机抽出几个,然后让生产者背着它跳下去。没想到,这样的抽检方法竟然真的创造了奇迹,降落伞的合格率史无前例地实现了100%的目标!

可见只要有必须做到工作"零缺陷"的心态,就会让自己的事情做到100%的满意,而不是99%,往往就因为这1%的疏忽,会浪费我们100%的精力去查找原因,去分析事故责任,去弥补损失。

再平凡、再普通的岗位,都能为企业创造巨大的效益,节约出大量的资金。

全国劳模、江铃汽车集团公司模具厂的袁政海,就是一个岗位节约、创造效益的模范。虽然他只是一个普通钳工,但却在普通的岗位上为国家节约了大量的资金。

1990年,企业正在培养自主开发研制大型模具的能力,准备自制TFR大型纵梁复合模。袁政海当时的任务是负责模具的气动翻转、自动卸料的装配和调整。从那时开始,他就着手研究国外引进的模具构造,将各种管线和气动元件巧妙布置在模体内，使其成功翻转，并且性能更加完善。这个项目得到了日本五十铃公司专家的认可，为公司节约了20多万元的费用。

首战告捷，袁政海充分体验到了一名工人的价值，看到了技术的重要性。他没有停止追求的脚步，通过自学、培训等各种机会不断追踪国内、国际模具制造的先进技术，时时刻刻去学习，分分秒秒求进步。他跟老师傅学动手能力，在地上打磨出了"一锉准"的绝活；向技术人员取经，考取了焊、钻、冲床、三坐标测量仪等技能的上岗证。

近20年来，袁政海参与公司的技术改进项目达四十多项，为公司节约资金近500万元。他所率领的"袁政海班组"参与企业重要技改革新项目170多项，有130项技术攻关、技术改进项目获奖，直接创造经济效益1300多万元，使江铃A类件模具完全依靠进口的状况得到了改变，创直接和间接经济效益数亿元。

工作是我们生活的一部分，不用心工作，不但使工作的效能降低，而且还会使人丧失做事的才能。对于我们来说，要实现成功的唯一方法，就是在做事的时候，抱着必胜的决心和态度。

我们的每一位员工应该在工作中把主要精力投入到自己的岗位工作中去，不管在什么岗位，不管做什么样的工作，都要精益求精，力求"零缺陷"，在思想上树立"如履薄冰、如临深渊"的保质量保安全意识，自控、互控、他控多管齐下，从根本上预防和杜绝缺陷产生，保证岗位工作效率，为企业节俭。

6. 把节约当成自己的责任

优秀的员工把节约当成自己的责任，主动节约，自觉节约。他们为企业花任何一分钱都会斤斤计较，像花自己的钱一样"小气"，一样"吝啬"，一样"抠"。

思科公司董事长约翰·摩格里奇所说："花思科的钱就像花自己的钱一样！"这句话已经被众多的企业奉为花钱的准则和员工的纪律。

长安铃木是著名的汽车合资公司，他们奉行的是抠门管理。据记者现场观察，长安铃木的办公室面积总共600多平方米，除了销售人员外，包括中日双方老总在内的所有职能部门数百名员工都集中在这里办公，人均办公面积仅两平方米。

长安铃木的抠门管理随处可见，他们的食堂不但是吃饭的场地，同时也是开会的场地。办公室、食堂以及会客室的桌子、椅子竟然都是10多年前公司成立时利用进口设备和零件的包装箱做成的。每组电灯（两盏灯）下都有一至两根吊拉绳，这是为了节约用电、方便员工开关灯而专门设置的。办公室的员工有事离开座位前，要拉动头上的电灯吊绳，做到"人走灯灭"。在生产车间，员工每两小时有五分钟休息时间，除了要拉掉所有照明灯外，还要切断生产线的电源，按一天两班工作制算，加上午餐40分钟的时间，长安铃木一天可节约生产用电100分钟。长安铃木目前依靠OA系统实现了无纸化办公，遇到不得已的情况，需要使用纸张打印，必须经主管的同意，纸张还得双面使用。出差订票，除了有关部门统一安排外，谁都没有权利擅作主张……

长安铃木将抠门用在了企业管理的方方面面，因而，浪费也就在企业中失去了生存空间。

省一分等于赚一分，而浪费一分则等于损失一分。这样简单明了的道理，会有哪一个老板不懂哪一个企业不明白呢？所以，作为一名员工，要想得到的信赖和重用，就必须踏实认真地工作，处处为企业着想，事事为老板省钱。这是员工的基本素质，也是职场纵横的本钱。

有三个人去一家公司应聘采购主管。他们当中一人是某知名管理学院毕业的，一名毕业于某商学院，而第三名则是一家民办高校的毕业生。在很多人看来，这场应聘的结果是很容易判断的，然而事情却恰巧相反——应聘者经过一番测试后，留下的却是那个民办高校的毕业生。

在整个应聘过程中，他们经过一番测试后，在专业知识与经验上各有千秋，难分伯仲，随后，招聘公司总经理亲自面试，他提出了这样一道问题，题目为：假定公司派你到某工厂采购4999个信封，你需要从公司带去多少钱？

几分钟后，应试者都交了答卷。第一名应聘者的答案是430元。

总经理问："你是怎么计算的？"

"就当采购5000个信封计算，可能要400元，其他杂费就30元吧！"作答者对应如流，但总经理却未置可否。

第二名应聘者的答案是450元。对此，应聘者解释道："假设5000个信封，大概需要400元左右，再加上其他各项花费，大概不会超过50元，一共有450元就足够了。"总经理对此答案同样也没有表态。

当总经理拿起第三个人的答卷，见上面写着418.42元时，不觉有些惊异，立即问道："你能解释一下你的答案吗？"

"当然可以。"这位民办高校的毕业生自信地回答，"信封每个8分钱，4999个是399.92元。从公司到某工厂，乘汽车来回票价10元。午餐费5元。从工厂到汽车站有一里半路，请一辆三轮车搬信封，需用3.5元。因此，最后总费用为418.42元。"总经理不觉露出了会心的一笑，最终录用了第三个人。

把企业的事当成自己的事，千方百计为企业节省每一分钱的员工，有哪一个老板不欢迎呢？老板又怎么会忽视他们，不为他们提职加薪创造更好的工作环境呢？

有一个年轻人在国内某汽车制造公司工作，他是焊接工，所做的工作就是焊接车底盘的部件。整个车间是流水作业，车底盘由传送带自动输送，在他这道工序要停留5分钟，他必须在5分钟内用6根焊条焊接完全部部件。公司一直为自己的自动生产线而感到自豪，以为省工省料。而他却认为在他这道工序上还可以再改进，可以再节省一些。他每天观察自动生产线的传送，计算焊条的用量，并思考改进的办法。

经过长期的观察和计算，他突然想到：假如能将焊接点击次数减少，是不是能节省点成本呢？于是，他经过一番思考和钻研，终于找到一种比原来少点击7次的焊接方式。每个底盘少点击7次，看上去微不足道，但一天下来仅他一个岗位就可以节约3根焊条，整个车间一天便可以节约300条焊条。

他的改造十分完美，公司给了他很高的评价，也给予了他相应的奖励。不久后，他得到了公司董事会的关注，很快在公司里得到了提升。

对于企业能否节约成本以及能够将成本降低到何种程度，员工有着很大的决定权。如果没有一种视节约为己任的态度，企业的节俭肯定会大打折扣的。当一名员工尽自己最大的努力完成自己的每一项工作时，无论是开动一台机器，还是进行一次服务，小心地使用设备和办公用品，高效地利用好自己的时间，都对降低成本起到了很大的作用。每一个视节约为己任的员工都会在这样的小事上用心负责地做到节俭。

我们经常看到一些公司的职员，他们在为单位或者公司办事情的时候，总是大手大脚，从来不会去节约一分一厘，甚至还有人想方设法从中给自己捞取利益。一些人由此养成了浪费和贪污的习惯。就是这些损公利己的人，给企业造成了很多不必要的浪费和损失。这样的员工最终都不可能取得大的成就。

只有那些养成积极主动为公司节约每一分钱的习惯，不要浪费公司的每一分钱，把为企业节约当成自己的责任的员工，才能够使企业盈利，使自己得到一个更大的发展空间，让自己优秀而卓越。

第九章 主动感恩，收获生命的美好

感恩是一种美好的情感，也是生活的智慧，处世的哲学。常怀感恩之心，主动感恩，会让我们珍惜所有的一切，感激所有的一切，收获生命中最美好的一切。

1. 感恩是生活的智慧

感恩是生活的智慧，感恩是处世的哲学。英国作家萨克雷说：“生活就是一面镜子，你笑，它也笑；你哭，它也哭。”你感恩生活，生活将回赠给你灿烂的阳光。

送人玫瑰，手留余香。我们感谢别人的时候，既丰富了他人的生活，也丰富了自己的生活，赞誉别人的时候我们也感受到了快乐。懂得感恩的人，是不会抱怨什么的，只会感谢上天的恩惠，感谢生活的赐予。

1972 年，新加坡旅游局给总理李光耀打了一份报告，大意是说，我们新加坡不像埃及有金字塔，不像中国有长城，不像日本有富士山，不像夏威夷有 10 几米高的海浪。我们除了一年四季直射的阳光，什么名胜古迹都没有，要发展旅游事业，实在是巧妇难为无米之炊。

李光耀看过报告，非常气愤。据说，他在报告上批了这么一行字：你想让上帝给我们多少东西？难道有阳光还不够吗？

后来，新加坡利用那一年四季直射的阳光，种花植草，在很短的时间里，发展成为世界上著名的“花园城市”，连续多年，旅游收入列亚洲第三位。

是的，难道有阳光还不够吗？上帝已经给我们够多的了。**懂得感恩的人绝不会再抱怨什么**，他会感激上天的每一点恩赐，感谢人们的每一点帮助。

生活的每一天，让我们都充满感恩情怀，学会宽容，学会承接，学会付出，懂得感谢。古语说得好，受人滴水之恩，当以涌泉相报。那些获得了非凡成就的伟大人物，都是懂得感恩的人。

当代科学大师霍金的学术报告刚刚结束，观众们还沉浸在那闪烁着思想火花的精彩绝伦的报告当中，一位年轻的女记者便急切地走到这位科学大师面前，提出了一个许多人都十分关注的问题："霍金先生，颅伽雷病已将您永远地固定在轮椅上了，您难道没有为自己已失去了太多而悲伤过吗？"

霍金脸上挂着微笑，缓缓地抬起手臂，用不大灵便的手指，艰难地敲击着胸前的键盘，随着合成器发出的标准的伦敦音，在宽大的投影屏上，缓慢而醒目地显示出了下列几行文字：

我的手指还能够活动，

我的大脑还能思维，

我有终生追求的理想，

有我爱和爱我的亲人、朋友，

最重要的是我还有一颗感恩的心……

骤然间，肃穆的会场上再次响起了如潮的掌声，人们纷纷拥到台前，向这位坦然面对磨难、挑战艰难并不断铸就辉煌的人生斗士表示深深的敬意。

感恩之心，不仅仅是指具体的报恩，更是类似于"老吾老以及人之老，幼吾幼以及人之幼"，具有普遍意义的施予之意识，回报不单指向于施恩者，而是以此慷慨之心，施于一切所需要者，互相帮助，助人所需，救人于难。

感恩是睿智的表现。感恩生活带来的挫折和磨难，让挫折磨炼我们的意志，苦难锤炼我们的品质，使我们更深刻地理解生活。

感恩也是宽容的智慧。宽容不仅仅是容人己过的"海量"，更是一种胸怀恩慈的智慧。

有这样一个故事，一位智者和他的一个朋友一起去远行，在海边他们发生了矛盾大吵了一顿，朋友气愤之下打了智者一拳，智者在沙滩上写下：某月某日某人打了我一拳。后来他们走到森林里，朋友在智者受到野兽袭击时及时伸出了援助之手，智者于是在石头上刻下：某年某月某人救我一命。朋友问智者，为什么上次写在沙滩上,而这次却刻在石头上?智者答道,和别人的矛盾就像沙滩上的文字一样,海水一涌就会消失得无影无踪;而别人施予的恩惠,却要像刻在石头上的文字一样,永远不会忘记。朋友和智者成为终身可以信赖的知己,感恩使智者赢得了永恒的友谊。

宽容是一种智慧的境界,宽容是一种非凡的气度;宽容是一种精神的成熟,一种心灵的丰盈,是对别人的释怀,也是对自己的善待。

感恩还是一种给予的源头。懂得感恩,于是知道一粟一果的来之不易,于是懂得珍惜万物;懂得感恩,于是体会父母养育之劬劳,于是不再冷漠和只知索取;懂得感恩,于是明白我们生活的每一个细节,每一次消费,都有许多个人,许多次的劳作,方有丰盛的物品,于是不再骄矜;懂得感恩,于是领悟我们的生命,只是自然千百次糅合的偶然一次闪耀,才诞生我及我的世界,于是敬畏天地,惕励然检视行为的得失,人才成其为人,成为智慧优雅的万物之灵。

感恩是一种非常美好的人间情感,感恩就好像是阳光一样,照亮别人温暖别的同时,也让我们自巳光辉灿烂。如果缺少了感恩,这个世界将会变成一个凄惨、冷漠的地方;如果人人都心怀感恩,我们的世界将永远温暖灿烂。所以,我们每一个个都要学会感恩,每一个人都要有一颗感恩的心。这是一个伟大的人用自己的行动告诉给我们的一个真理。

曼德拉因为带头反对白人种族隔离制度的政策而入狱,白人统治者把他关在荒凉的大西洋小岛——罗本岛上 27 年。当时曼德拉年事已高,但白人统治者仍然像对待年轻犯人一样对他进行残酷地虐待。

罗本岛上布满岩石,到处都是海豹、蛇和其他动物。曼德拉被关在总集中营的一个“锌皮房”,白天他要将采石场的大石块打碎成石料。有的时候他要下到冰冷的海水里捞海带,有的时候他要干采石灰的活儿——每天早晨排队到采石场,然后被解开脚镣，在一个很大的石灰场里，用尖镐和铁锹挖石灰石。因为曼德拉是要犯，看管他的人就有3个。他们对他并不友好，1991年曼德拉出狱当选总统以后，他在就职典礼上的一个举动震惊了整个世界。

总统就职仪式开始后，曼德拉起身致辞，欢迎来宾。他依次介绍了来自世界各国的政要，然后他说，能接待这么多尊贵的客人他深感荣幸；但他最高兴的是，当初在罗本岛监狱看守他的3名狱警也能到场。随即他邀请他们起立，并把他们介绍给大家。

曼德拉的博大胸襟和宽容精神，令那些残酷地虐待了他27年的白人汗颜，也让所有到场的人肃然起敬。看着年迈的曼德拉缓缓站起来，恭敬地向3个曾关押他的看守致敬，在场的所有来宾以至整个世界，都静了下来。

后来，曼德拉向朋友们解释说，自己年轻的时候性子很急，脾气又暴躁，正是狱中生活使他学会了控制情绪，因此才活了下来。牢狱岁月给了他时间与激励，也使他学会了如何处理自己遭遇的痛苦。

感恩更是一种知福惜福的珍惜。感恩，使我们在失败时看到差距，在不幸时得到慰藉，获得温暖，激发我们挑战困难的勇气，进而获取前进的动力，只要我们能换一种角度去看待人生的失意与不幸。

对生活时时怀一份感恩的心情，就能使自己永远保持健康的心态、完美的人格和进取的信念。感恩并非是一种心理安慰，也不是对现实的逃避，更不是阿Q的精神胜利法。**感恩，是一种歌唱生活的方式，它来自对生活的爱与希望，是处世的哲学，是生活的智慧。**

2. 让心中充满感恩的阳光

心中充满感恩的人，就会在意你的工作；在意你的老板、同事等，知道感恩的人，他的为人处世是主动积极、敬业乐群的，未来的前途不可限量。

心中充满感恩的人，会真诚地感谢每一个人。作为一个主动感恩的员工，你不要忘了感谢你周围的人，包括你的上司和同事。感谢给你提供机会的公司，因为他们了解你、支持你。大声说出你的感谢，让他们知道你感谢他们的信任和帮助。你是否曾经想过，用一种特殊的方式，告诉你的老板，你是多么热爱自己的工作，多么感谢从工作中获得的机会。这种深具创意的感谢方式，一定会让他注意到你，甚至可能提拔你。感恩是会传染的，老板也同样会以具体的方式来表达他的谢意，感谢你所提供的服务。

但是，仍然有很多员工忽视了这一点！我们经常会听到这样一些言论："这份工作简直糟透了，像呆在监狱里一样，上帝啊，解救我吧！"

"我能有这么大的成就，完全是我自己的功劳，和别人一点关系都没有。"

"感激公司？不是开玩笑吧？我和公司只是简单的雇佣关系，凭什么感激他们？"

如果一个员工抱着这样的心态去工作，让嫉妒、不满甚至憎恨始终占据着内心，那么他的心中将难以看到阳光，他的工作也难以取得成就。反之，如果他的心中充满感恩，他就会平和、淡定、温柔地对待每一个人，每一件事。每个人都会被他的这种温馨所感挚，他会得到更多人的信任、支持和帮助，自然事业做得更好，在成功路上走得更远。

哈佛大学毕业的华裔张小姐就业于美国邮政服务公司，与她相处过的同事都对她的微笑、善良和勤劳有深刻的印象。几乎每一个和她相处过的人都成为她的朋友。

有人不解，就问张小姐有什么和人相处的秘诀。

张小姐微笑着说："一切应该归功于我的父亲，很小的时候他就教导我，对周围任何人的赋予，都应该抱有感恩的心情，永远铭记，而尽快去忘记那些不快。

"我幸运地获得了这份工作，有很多友善的同事，上司对我的要求很严格，但是私人生活方面对我却很照顾，所有的这一切，我都铭记在心，对他们心存感激。

"一直带着这种感激的态度去工作，很快我就发现，一切都美好起来，一些不快也很快过去。我工作得很顺利，大家都很乐意帮助我。"

是的，同事更愿意帮助那些知恩图报的人，领导也更愿意提携那些一直对公司抱有感恩心情的员工，因为这些员工更容易相处，对工作更热情，对公司更忠诚！

有些员工常常为一个陌生人的点滴帮助而感激不尽，却无视朝夕相处的让自己衣食无忧的企业与领导的种种恩惠，在有意无意当中把公司、把企业给予的一切当作是理所当然，甚至有时候还心生怨恨。这真是太不应该的一种想法，而且对自己的成长也非常不利。

菲利普公司在一次招聘中两个年轻人脱颖而出，最后主考官单独约见了他们，问了他们同一个问题：

"你觉得以前你工作的那个公司怎么样？"

一个面试者抱怨说："糟透了，同事们像一群吵闹的母鸡，主管简直就是一头嚎叫的驴子！真难以想象我在那里是怎么度过了两年！"

另外一个面试者说："虽然是一家很小的公司，管理得也不是很规范，不过在我工作的那段时间里，学到了不少的东西，现在才有勇气坐在这里，我很感激原来工作的公司。"

最后录取的，当然是后者！

为什么要抱怨而不是感恩呢？即使老板批评了自己，也要感谢他，因为是他让你认识到自己的缺点。如果你能这样想，你的人生必然一路阳光。

一位成功的职业人士曾说："是一种感恩的心情改变了我的人生。当我清楚地意识到我在学历以及待遇上比别人都低时，我没有任何权力抱怨什么。相反的，我对所有的一切都怀抱感恩之情。我竭力要回报别人，我竭力要让他们快乐。结果，我不仅工作得更加愉快，所获帮助也更多，工作也更出色。我很快获得了公司加薪升职的机会。”

所以，在职场中不管做任何事，都要把自己的心态放平，抱着学习感恩的态度，不要计较一时的待遇得失。不论做任何事都能甘心情愿、全力以赴，当机会来临时才能及时把握住。千万不要怨天尤人，觉得工作没有意义，结果做得心不甘情不愿，心存怨愤。

当你遭遇到不公平待遇时，当你的努力和感恩并没有得到相应的回报时，也不必抱怨自己什么都没有得到。请相信这只是老板的暂时失误，甚至是老板对你的考验。任何事情都不是尽善尽美的。

感恩是一种积极的心态，同时也是一种奉献的精神，当我们以一种知恩图报的心情去工作时，会工作得更愉快，也会更出色！甚至在公司面临暂时的经济困难时，你也要想办法帮助公司渡过难关。感恩不仅对公司老板有益，对其他人也同样有益，通过感恩，你会发现，感恩是内心情感的自然流露，它使你更积极、更有活力。让人生更加灿烂。

3. 感恩工作，把工作做得更好

在现实生活中，有些人觉得自己能力不够强，能成就一番事业的机会和概率微乎其微；有些人抱怨自己的工作得不到他人的重视，或者工作是多么的琐碎、多么的微不足道，无法给自己带来金钱，更无法实现自己所谓的人生价值。

这是他们没有正确地看待工作的缘故。对于一个饥饿的人来说，如果有人给他哪怕一小片干面包，他也会充满感恩之情。面包解决饥饿问题，而工作能解决生存和发展的问题，从这个角度来讲，二者并无本质区别。事实上，没有卑微的礼物，只有不懂得珍惜的人；没有卑微的工作，只有不懂得感恩的人。

同时,如果自己不认为自己的工作是重要的,就不可能把它做好。自己既然做不好,别人就不会重视你的工作。换句话说:只要心不卑微,任何工作都是重要的,只是内容不同而已,而一旦用心去做了,就一定能够从中寻找到快乐和价值感!

有一个学习计算机的年轻人大学毕业后,四处求职。暑假过去了,他依然没有找到理想的工作,眼看身上的钱就要用完了。

有一天,他看到报纸上登了一则招聘启事,一家新成立的电脑公司招聘各种电脑技术人员20名,但需要经过考试。年轻人感觉到机会来了,他在报名后就潜心复习,终于从200多名报名者中脱颖而出。

走上工作岗位后,年轻人才真正认识到自己欠缺的知识太多:公司每晚要留值班人员,家住本市的同事都不愿意值班,他就索性搬到单位住,包揽了所有值班任务。每晚9点关门后,他就在办公室拼命钻研电脑知识,比读大学的时候还勤奋10倍,工作两个月后,他就成为公司的技术骨干。

这时,年轻人的生活依然是艰难的,试用期3个月,每月只有400元工资,勉强够吃饭。可是这份工作来之不易,他懂得知足常乐的道理。他努力工作,表现得相当优秀。两年后,他考取了国际和国内网络工程师资格证书,成为一名网络工程师,得到公司领导的器重和同事们的好评。几年过去了,随着公司的发展壮大,不到30岁的他就凭借出色的业绩在这家公司拥有了很高的职位,并拥有一定股份,前景看好。当人们问起他的成功经验时,年轻人谦虚地说:“其实也没什么,就是我懂得感恩,我知道这份工作来之不易,于是我每天都用几分钟时间,为自己能有幸拥有眼前的这份工作而感恩,为自己能进这样一家公司而感恩。这样,我便有了前进的动力,再苦再累的活儿也难不倒我了。"

这个年轻人只是做着一份平凡的工作,却因为怀有感恩的工作态度使自己脱颖而出,得到老板的好评。他拥有感恩这么一种良好的心态,同时感恩又衍生出奉献精神。当他以一种感恩图报的心情工作时,他自然会工作得更愉快,同时也在工作的过程中享受到了卓越工作带来的满足感。

某小区有一位年轻帅气的清洁工,他每天早晨拉着垃圾车经过小区楼下时都会晃动手上的摇铃。当楼里的居民提着垃圾袋走向他时,他总是微笑着,站在垃圾车旁,优雅地做个"请"的姿势,就像在说"欢迎光临"。

他总是穿得很整洁,像是在做一件很体面、荣耀、骄傲的事,有时,人们会看见他用扫帚对准地上的烟蒂,摆出打高尔夫球的姿势,一杆把烟蒂挥入距离两三步远的簸箕内,还一脸微笑……

大家不知道他的名字,只知道他正值青春年华:原先他在省城一家宾馆里当迎宾先生,后来因为老父病重,便回老家照顾病人,同时兼职做了一名清洁工。

在与垃圾打交道时,他总能抱着一颗感恩的心,因为有事做是最重要的。被他优雅、自信、有礼的言行所感动,每次倒垃圾时,许多人都不忘说"谢谢"。对此,他很激动。他说他永远不会看轻自己,他仍然在乎别人的尊重与肯定。

他不仅帮人们带走了生活垃圾,也净化了人们日渐蒙尘的内心。古罗马斯多葛派哲学家们曾经说过:没有卑微的工作,只有卑微的工作态度。如果一个人轻视他自己的工作,他就会将自己的工作做得一团糟。如果一个人认为他的工作辛苦、烦闷,他也绝不会做好工作,也无法在这一工作岗位上发挥他的特长。其实,任何一种工作都有它存在的价值,工作没有高低贵贱之分,最重要的是我们是否有一颗感恩的心。

工作好比是在栽种一棵苹果树，我们每天为它剪枝、修叶、浇水，等到了秋天，望着被果实压弯的枝条，我们在品尝着酸甜的苹果的同时，应当去感恩那棵树，而非去感恩我们的辛劳，因为是树给了我们收获果实的机会，如果没有了苹果树，那么我们想去浇水也无处可浇了。

台湾学者林清玄先生去朋友家做客，朋友说："今天没有好茶招待先生了。"林清玄说："现在喝的这壶茶也很不错啊。"朋友又说："假如今天连茶都没有怎么办？"林先生笑笑说："喝白开水也是一种享受啊。"

好茶与白开水、高雅和平凡的工作是一样的，都是要先学会满足再去参悟、感恩的。

感恩自己的工作，无须像拜佛还愿一样感激涕零，只要有一颗感恩的心，哪怕只有一点点，都能使我们受用终生。要明白，我们在工作中的付出只是在回报工作带给我们的幸福，仅此而已。

每天抽出一点时间，为自己目前所拥有的一切而感恩，为自己的工作而感谢上司，真诚地为身边的每一个人祝福。感恩是情感的自然流露，它会增强你的个人魅力，让你拥有神奇的力量，使你在人群中出类拔萃。当然，你要做的并不仅仅是感恩，你应该发挥出自己全部的潜能，把工作做得更出色。

4. 感恩公司，与公司共进退

无论是何种公司，与员工的关系都是十分清楚的——他们之间有着共同的利益、共同的目标，他们之间共谋发展，同时也利益共享。公司发展好了，员工的利益也会得到保障。在他们之间，工作起到了桥梁和纽带的作用。感恩公司，员工只有把自己当做公司的主人，才能够在工作中充分发挥出创造性来，才能够为公司的发展壮大贡献出自己的一份力量，也才能够和公司共同成长。

一只船在海上航行，船舱里藏着一只老鼠。老鼠偷吃船夫的粮食，咬坏船夫的衣物。船夫恨透了老鼠，想捉住它，扔进海里。

老鼠有老鼠的办法，它使出看家的本领，在船底打洞，它要躲到洞里去，还要把船夫的粮食也搬到洞里藏起来。

结果可想而知，只能是船沉鼠亡。老鼠想害船夫，没想到最后把自己也给害了。

其实，我们所在的公司就像一条大船，我们本身就好比是船上的那只老鼠，只要我们身在公司这条船上，它就是我们的依托，我们不能轻视它、伤害它，要知道伤害公司也就是伤害我们自己。

每一个员工都应该明白，我们的工资收益完全来自公司的效益。因此，"大河有水小河满，大河无水小河干"。替老板着想就是替公司着想，实际上也就是替我们自己着想。感恩公司，感谢公司是为员工提供了一个工作的机会，提供了一个发挥聪明才智的地方，也提供了一个不断发展进步的舞台。怀着这种感恩的心，就会把企业的事当成自己的事情来做，为企业谋利益，也为自己的发展提供了条件。

每个人都希望让自己的人生价值最大化，但这要靠从小事做起，从现在做起，否则这个理想是无法实现的。作为职场中人，我们每个人的人生价值最大化的目标与我们所在企业的目标应该是统一的。作为企业，它的首要目标当然是利润最大化，而要实现这个目标，就必须向社会提供优质产品或服务，进而从顾客那里取得利润。来使自己发展壮大。企业发展壮大了，它就会向员工提供良好的工资福利待遇。可以说，企业越兴旺，员工的工资和福利就越多，反之则越少。由此可见，企业和员工的目标在本质上是一致的。因此，作为企业一分子的普通员工，只有主动地、积极地、努力地工作，才能够为企业创造最大利润，也才能够真正实现我们的人生价值。

史蒂文斯能进入微软并成为副总裁，得益于他的一封感谢信。

史蒂文斯曾在一家软件公司做了8年的程序员,正当他工作得心应手时,公司却倒闭了。为了生计他不得不重新找工作。此时,微软公司招聘程序员,待遇相当不错,史蒂文斯信心十足地去应聘。凭着过硬的专业知识,他轻松过了笔试关,然而,面试时,考官的问题却是关于软件未来发展方向方面的,这点他从来没有考虑过,因此被淘汰。

虽然这次没被微软公司录取,但史蒂文斯仍然对微软公司充满感激,他觉得微软公司对软件产业的理解,令他耳目一新,深受启发。

他觉得应该写一封信,来表达一下自己对微软的感激之情。于是,他给公司写了一封感谢信:"贵公司花费人力、物力,为我提供笔试、面试机会,虽然落聘,但通过应聘使我大长见识,获益匪浅。感谢你们为我付出的劳动,谢谢!"

这封信后来被送到总裁比尔·盖茨手中。3个月后,微软公司出现职位空缺,史蒂文斯收到了录用通知书。10几年后,凭着出色的业绩,史蒂文斯成了微软公司的副总裁。

可以说,史蒂文斯后来取得的那些出色的业绩,都来自于他那封真诚而质朴的感恩信。正是这种感恩的心态,让他在众多的落聘者中脱颖而出,并最终赢得了工作,赢得了以后的成绩。

任何一个公司,都在想法构筑一个人人都可以获得全面发展的良好环境,并不断提升其环境质量。公司是全体员工生存和发展的载体。离开这个载体,再有能力的员工也无法施展聪明才智。就像一个备受公众认可的优秀演员离开了舞台,他的价值也就体现不出来了。因此,我们应该做到与公司同呼吸、共命运。

古人云:"**水本无华,相荡而成涟漪;石本无火,相击而发灵光。**"企业和员工是一个共同体,企业的发展需要所有员工的共同努力。企业兴,员工兴，企业衰，员工衰。一个主动感恩的员工不仅能深刻地认识到这一哲理，也能从心底深处对企业有一种感恩的心态，因而更能与企业同呼吸共命运，不离不弃，因而也就更能享受到企业成功所带来的一切好利益。

好利来蛋糕，今天已是中国本土烘焙业中第一大企业了。但是1999年对好利来来说可不是一个好年景。那时，它的最稳定的市场在中国北方，而东北人觉得1999年不吉利，那一年都不过生日、不结婚，蛋糕生意一落千丈；加之其内部改革的惨败，硬撑下去，也只能再熬一个月。

最后，公司只得裁员800人。公司宣布，公司向每人每个月发300元生活费，难关过去了，大家可以再回来。

挨过了1999年，2000年生意果然转好，离开的800名员工回来了784人。有失必有所得，随后企业进入一个相对快速增长的阶段，并一发成为行业中的老大。企业做大了，受益的是员工。随着企业真正进入到现代化管理阶段，一批基层员工成长为企业的领导干部。随着企业总裁罗红的一次次远行非洲，以及罗红对企业的“宽松管理”，企业内部给了越来越多人成长的空间，而这些人也有幸在今天分享着好利来高速成长阶段的成果。

是留下，还是离去，实际上不仅仅取决于员工对企业未来和前途的判断，更取决于员工是不是有感恩的心。懂得感恩的员工，即使是企业山穷水尽时也心存感激，愿意为企业再尽些自己的力，所以，他们一般不会选择轻易离去，而他们的坚持往往就会成为企业起死回生的契机，一旦企业高速增长，首先受益的也必然是他们，会获得超过预期的回报；反之，那些不懂得感恩的人，在企业刚一遇到困难，就会为了自己的私利而断然离开，他们必然不能享受到摘下成果的甜美。所以，感恩，也并不一定意味着吃亏。

感恩之心，是对世间所有人以及所有事物给予我们的帮助表示感激，并且铭记在心；感恩之心，是我们每个人生活中不可或缺的阳光雨露，一刻也不能少；感恩之心，也是我们工作取得成就，事业永远向前的基础和保障。因为感恩之心，让我们坚决地与企业共命运，与公司共成长，并最终摘取到最甜美的果实，享受到成功的欢欣。

5. 感恩老板，给老板多一些理解和支持

作为公司中的普通一员，我们从工作中所得到的一切、所享受到的一切，不是平白无故产生的，而是由人们共同创造的，这其中也包括我们的老板。他给了我们一次机会、一个平台，并为我们提供了工作环境、办公设备、各种便利以及福利，成就了我们的事业，成就我们的价值。也成就了我们自己。这难道不值得我们感谢吗？

有的员工总是感叹自己才高八斗、学富五车，却得不到老板的赏识，因此就经常私下抱怨：可惜了我这匹千里马，无奈却没有识才的伯乐！其实这些员工首先要做的是应该扪心自问一下，当初是谁把你招进了公司？当然是老板，除了老板，谁会有这样的权力。

作为员工，公司和老板为我们提供了工作就业的机会，提供了锻炼自己成长成才、提升能力和素质的机会，难道这不值得我们去感恩吗？

许多人总是对自己的老板不理解，认为他们不近人情、苛刻，甚至认为可能会阻碍有抱负的人获得成功。事实未必如此。如果我们抱着感恩的心设身处地为老板着想，给老板多一些理解，多一些支持，积极为老板排忧解难，不给老板找麻烦，老板当然也会回报给你更多的信任和器重。

在华为，有两位天才级的人物，形成了华为早期技术上的优势。李一男年轻，知识结构新；郑宝用经验丰富，曾一度负责华为的研发。自然地，郑宝用把接力棒传给了李一男，从产品研发一线撤了下来，负责宏观的战略研发。郑宝用毕竟是负责过产品研发，对他来说，“操心”是一种习惯，更是一种责任，更何况，

从过去的工作惯性中停下来需要时间调整也是人之常情。郑宝用偶尔的"指手画脚"使得李一男有些不高兴，尔后，两个人的矛盾越来越深……

作为老板的任正非只能作出理性的决策。最后，郑宝用的产品战略规划办被撤销了。

很多人都为郑宝用捏了一把汗。

这背后是多大的"委屈"呀！但是，郑宝用并没有因此消沉而背离公司。当任正非对他"晓之以理"时，郑宝用从心里理解了任正非的用意，也明白自己行为的不当，他的心情逐渐平静下来，开始自觉地调整自己的心态，不再"多管闲事"。后来，任正非派郑宝用去负责公司宏观产权与资本运作，这对他来说可谓是一窍不通。但是，郑宝用用高度的理解和支持，下决心要为任正非、为华为做好这个大家都没做过、对华为却尤为重要的工作。

郑宝用及其属下铆足了劲儿，在实践中学习。后来，在华为电气与爱默生合作时打了一个漂亮仗。通过这些大规模的资本运作，以郑宝用为首的一批华为人迅速成长为资本运作的专家，华为也因此积累了资本运作的经验，为企业的进一步发展开了局，铺了路。华为人经过资本市场的历练后，对资本市场的认识和理解令许多国外投资银行专家非常惊讶："以前接触的华为人对资本市场都非常陌生，而郑先生却是一位专家。"

曾经有过怨气也罢，曾经赌过气也罢，当一切释然时，是非对错就已然不需要再纠缠了。郑宝用对老板任正非的理解和支持，对企业决策的理解和忠诚，有多少员工能做到？也正因为他做到了，他又成了资本市场这一新领域的专家，开拓了自己的新视野，也成就了企业的新高度。

不可否认，这中间最重要的一点，是他对任正非、对华为知遇之恩的感激，才让他可以放下一切怨言，全心全意投入新的领域，并取得了人生的又一次成功，攀上了事业新的高峰。

感谢老板的最好方法就是为老板分忧解难，任何时候都忠诚于老板忠诚于企业忠诚于公司，不抛弃不放弃，共舟共济，风雨共担。

6.感恩同事，和同事做朋友

一个人要想成大事，就必须学会合作，这样一方面可以弥补自己的不足，另一方面可以形成一股合力。要想与别人有效的合作，最重要的一点就是要对他人怀有感恩之心，只有感激他，才能促使你同他合作；如果你非常讨厌与你合作的对方，那么你们的合作将无法进行下去。

有个故事说，在一个偏远的山村，张姓与李姓两家是三代世仇，两户人家一碰面，经常上演“全武行”。有一天傍晚，老张与老李从集市里出来，碰巧在返村的路上遇见了。两个仇人一碰面，倒没有像往常那样马上动手，不过，也各自保持着距离，互相不搭理对方。两人一前一后走在小路上，相距约有几米之远。

天色已经相当暗了，是个乌云蔽月的夜晚。走着走着突然老张听见前面的老李“啊呀”一声惊叫，原来是他掉进溪沟里了。老张看见后，连忙赶了过去，心想：“无论如何总是条人命，怎么能见死不救呢？”

老张看见老李在溪沟里浮浮沉沉，双手在水面上不断挣扎着。这时，急中生智的老张连忙折下一段柳枝，迅速将枝梢递到老李的手中。

老李被救上岸后，感激地说了一声“谢谢”，然而猛一抬头后才发现，原来救自己的人居然是仇家老张。

老李怀疑地问：“你为什么要救我？”

老张说：“为了报恩。”

老李一听，更为疑惑："报恩？恩从何来？"

老张说："因为你救了我啊！"

老李丈二和尚摸不着头脑，不解地问："咦？我什么时候救过你啦？"

感恩是人世间最美好的一种情感。因为感恩，老李和老张前嫌尽释，因为感恩，两双时常打斗的手常常地握在了一起。

老李和老张是邻居，抬头不见低头见，这情形还真和我们今天的同事很相像——其实同事比老张和老李更亲密，因为相处时间更多，而涉及的各种事情也更多：一起合作，一起闲聊，一起努力，一起奋斗，为着共同的任务，也为着共同的利益。但是还真是有很多同事间就像老张和老李一样，见面就掐，格格不入。看了老张老李的故事，不知道这样的员工有什么想法？

每个人从开始正式工作那天起直到退休，总在与同事打交道。被聘、解聘、受命、挨批评、受表扬……几乎无时不在以同事为参照物，无时不周旋、生存于同事圈。与不同时期的同事建立包含友谊色彩的私交，可以说对事业、对工作、对生活都是极其有利的。大凡胸怀大志并取得成功的人，都善于从自己的同事那里汲取智慧和力量，并获得无穷的前进动力。

试想一下，不论我们身处企业的哪个部门，若没有其他部门同事的工作，以及本部门同事的配合，只有我们一个人单兵奋战，那么我们还能实现自己的劳动价值吗？因此，可以这样认为，我们的同事对我们都是有恩德的。

所以我们要对我们的每一个同事心存感恩。同事关系也许是一个人一生中最难处理的一种关系，而且同事作为工作的伙伴，难免有利益上的或其他方面的冲突，他可能与你有过竞争，甚至对你有过伤害，但是我们对他们一样要用一颗感恩的心去对待他。如果他伤害过你，请用宽恕去化解；如果他帮助过你，请感谢他；如果他取得成绩，请赞赏和肯定他；如果他遇到困难，请帮助他；如果与他有竞争时，请不要放弃公平竞争的机会，但不要不择手段；如果与他合作时，更要有感恩的心，并且实心实意地奉献你的真诚和智慧。同事不仅是我们人生路上的同伴和知音，也是我们人生路上的恩人，是他们助长了我们的智慧，强化了我们的能力，增进了我们的见识，磨练了我们的心志，增强了我们的成就，让我们的人生更加精彩。

7. 感恩客户，全心全意为客户服务

感恩客户，因为客户是我们的衣食父母，因为客户是我们事业的源头。

> 如今大红大紫的郭德纲，最感激的就是给他捧场的观众。当初在天桥茶馆里讲段子时 20 元一张票还总是没有人来。2002 年的一天，天寒地冻，快开演了还没有一个观众，全体演员站到门口打板子往里喊人。喊了半天还真喊进来一位，可这人根本不是想来听相声，可能天太冷，想进来暖和暖和。到点开演，台下就这一位。邢文昭先上场说一单口。台上台下四目相对。说到一半，那位观众手机响了，他特不好意思，对邢先生说：‘对不起！我接一电话。’邢先生停在那儿站着眼巴巴地等着他。他转脸跟电话里说：‘对不起！我听相声呢。’接着郭德纲上场，再接着该演的演员都上场一一开演，自始至终就这一位观众。但是郭德纲一直非常感激这位进来暖和的观众，因为他，让他们的相声演下了去了。郭德纲成名后还说，要找到那位观众，好好地感谢感谢他。

是的，对于演员来说，观众就是他们的饭碗，没有观众，他们就没有饭吃。所以演员最感激的就是观众。

其实哪一行哪一业又不是以顾客为饭碗的呢？所以顾客是上帝，我们要对顾客感恩戴德，要像敬奉神灵一样敬奉顾客。这已经是许多企业

的核心理念了。

在现代的各个企业当中，有一条不成文的规则：客户永远是对的，满足客户要求是我们的职责。对于客户提出的要求，我们只有达到了，客户才能付款，也才能完成交易，这是正常情况。我们可以选择客户，但却无法强迫客户提出适合我们的要求。当今社会，企业间的竞争异常激烈，如果你对客户十分挑剔，那么就可能错失许多商机，这样就会导致企业的效益下降，甚至拖垮企业。因此，要想立足于现代企业之林，我们就不应该挑剔客户，而是应该感谢客户提供给我们的机会，同时还应该对客户负责任。

但是这一切千万不要是被动的、强迫的，而是主动的、自觉的、快乐的，用一颗感恩的心浇灌过的，才能给客户带来最大的满足和喜悦，也为自己带来成功。

美国一个小镇上的布特勒先生是一家小商店主人。有一回，他已经把商店门锁好回家了。在路上。碰到一个小女孩要买一美分的线。他走回去，重新开了门，给小孩子取线。这件小事不知怎么传遍了全城，于是给他带来了无数的顾客。他的服务给他带来了财富。

懂得感恩的员工会最大限度地满足客户的要求，而且还会尽力提供超出客户预期的服务。当企业的每一个人都能发自内心地去感恩每一个顾客，就一定能将服务做到完美的程度。

感恩客户，为客户提供最好的服务，我们也会得到客户的感恩，从而更加有利于推进我们的工作，为我们的发展和进步打下好的基础。

感恩客户，还会让我们从中得到永远的幸福和快乐。有一位顾客，曾经碰到这样一件让他难忘的事情，其中折射出的人性温暖，让人再一次领会感恩顾客的深层含义。

一天，我散步到医院附近的一个小商店，老板在整理货架，店堂里，只有一个五六岁、瘦瘦的小女孩，默默地站在货架前。

老板过来，弯腰问小女孩："小朋友，看好了吗？要买什么？"

小女孩伸手指了指一排鱼罐头。"你买这鱼干吗？活鱼营养好。"我说。"妈妈病了。我们是山里人，妈妈没吃过海鱼。我想让妈妈尝尝。"

小女孩轻轻的话语，让我感动。老板显然也是受了感动。他问："你想买哪种？""不知钱够不够。"小女孩点了两种罐头后说。

她点的罐头，一种是凤尾鱼，另一种是豆豉鱼，标价分别是7元3角和5元3角。

小女孩边说边从裤袋里抽出手张开，她那只小小的手里躺着六枚硬币：一枚1角的，两枚5分的，三枚1分的。硬币上，粘着孩子的汗液，有些潮，还有一些泥垢。

这才多少钱呀！可对一个山里的孩子，对一个母亲病着的孩子，这些钱，就是她全部的积蓄和财富了，也不知她攒了多久才积下的。

我把手伸向了装钱的口袋。老板用手势制止了我，他笑对着孩子张开手："来，让我数数，看够不够。"

他接过小女孩手中的钱，一枚一枚地数，还很认真地计算着。算完，高兴地抚摩了一下小女孩的头，说："你还真行，钱刚刚够，一分不多，一分不少！"说完，他从货架上取下了一罐凤尾鱼和一罐豆豉鱼，用塑料袋装起，交到孩子手里，说："好孩子，快去，给妈妈送去吧。"

感恩是一种美德，这种美德可以打动人心。爱默生说过：**"人生最美丽的补偿之一，就是人们真诚地帮助别人之后，同时也帮助了自己。"**伸出你的手去援助别人，而不是伸出你的脚去绊倒别人。一个与人为善、一心做事的人，心中一定会溢满幸福。

时常怀有感恩之心，我们就会变得更谦和、可敬且高尚。每天提醒自己,为自己能有幸得到这份工作而感恩,为自己能遇到这样一位客户而感恩。

客户是企业的重要合作伙伴,是员工的衣食父母。为客户服务是我们的职责,也是我们的义务。只有建立在双赢基础上的合作才是可靠的、长久的。

如果我们每天都能带着一颗感恩的心去面对客户。那么相信我们在工作时的心情也一定是积极而愉快的。用这样的心情投入工作,最终我们也一定会取得成功的。

8. 主动感恩，收获生命的美好

感恩是一份美好的感情,是一种健康的心态,同时是一种良知,是一种动力。**人有了感恩之情,生命就会得到滋润,并时时闪烁着纯净的光芒。**永怀感恩之心,常表感激之情,原谅那些伤害过我们的人,人生就会变得充实而快乐。感恩父母的养育,感恩大自然的恩赐,感恩食之香甜,感恩衣之温暖,感恩花草鱼虫,感恩苦难逆境。感恩自己的对手,正是由于他们的存在才铸就了我们的成功。太阳每天都是新的,湛蓝的天空。新鲜的空气,灿烂的阳光,美好的生活,我们有什么理由不快乐呢?一个人如果有了一颗感恩之心,他就是一个幸福的人。

一只在河边饮水的小松鼠,由于一时大意滑到河里去了,于是在河里挣扎,大声呼救。这时正好有只猴子路过这里,看见松鼠在挣扎求生,就捡起一枝树枝,丢给松鼠,松鼠就这样得救了。贪玩的猴子早就忘了这件事,但松鼠心存感激,对此念念不忘。一直想要报答猴子,于是就把家搬到离猴子很近的一棵树上。

后来,猴子蹲在树枝上休息,被一个猎人发现了,猎人用猎枪瞄准猴子。就在这千钧一发的时刻,松鼠飞快地扑到猎人身上,在他的手臂上狠狠咬了一口,猎人疼得惨叫一声,子弹打偏了。

对松鼠如此舍命相救的举措，猴子非常感激，就对松鼠道谢。松鼠说："要不是您在河边救了我，我早就被河水淹死了，我这辈子不知道怎么谢您呢！"又有一天，猴子在一农家菜园里寻找吃的东西，不小心被菜园的主人做的陷阱扣住了，它大声呼救。松鼠听见了，就把所有的同伴都叫来，大家齐心合力把扣子咬断，猴子得救了。

猴子再度向松鼠道谢，说："您救了我的命，我这辈子不知道怎么谢您呢！"猴子到处宣扬松鼠的古道热肠，它说："松鼠的身体虽小，它的感恩心却是身体的千百万倍！"

在一个"与成功者对话"的论坛上，一位听众请教台上的企业家："您觉得一个人成功的秘诀是什么？"企业家没有讲一番大道理，而是告诉在座的各位：**"保持一颗感恩的心。只要你对人对事对物保持一颗感恩的心，你一定会成功。"**这段话赢得了阵阵掌声。我们知道很多经典的书籍，它们都告诉我们要有一颗感恩的心，可是很少有人懂得，成功的秘诀就是要有一颗感恩的心。

挪威著名的剧作家亨利·易卜生把自己的对立面瑞典剧作家斯特林堡的画像放在桌子上，一边写作，一边看着画像，以此激励自己。易卜生说："他是我的死对头，但我不去伤害他，把他放在桌子上，让他看着我写作。"据说，易卜生在对立面目光的关注下，完成了《培尔金特》、《社会支柱》、《玩偶之家》等世界戏剧文化中的经典之作。

其实，生命的整体是相互依存共生的关系，就如"人"字结构一样，相互依靠才能"站立"。有了这颗感恩之心，人与人之间才会变得和谐、亲切，而这种感恩之心也会使我们变得愉快和健康。

一颗感恩的心，是快乐的源泉。如果我们对生命中所拥有的一切能心存感激，便能体会到人生的快乐、人间的温暖以及人生的价值。

感恩之心会给我们带来无尽的快乐。为生活中的每一份拥有而感恩,能让我们知足常乐。感恩不是炫耀,不是停滞不前,而是把所有的拥有看做是一种荣幸,一种鼓励,在深深感激之中产生回报的积极行动,与他人分享自己的拥有。感恩之心使人警醒并积极行动,更加热爱生活。感恩之心使人敞开胸怀,投身到仁爱行动之中。没有感恩之心的人,永远不会懂得爱,也永远不会得到别人的爱。

只有做到心存感恩、知足惜福,人与人、人与自然、人与社会才会变得和谐和亲切,我们自身也会因此变得愉快而又健康。

心存感恩的人,才能收获更多的幸福和快乐,才能摈弃没有意义的怨天尤人。心存感恩的人,会朝气蓬勃,豁达睿智,好运常在,远离烦恼。怀着一颗感恩的心来面对身边的人和物,我们会突然感到原来世界是如此的美好。

在水中放进一块小小的明矾,就能沉淀所有的渣滓;如果在我们的心中培植一种感恩的思想,则可以沉淀许多的浮躁、不安,消融许多的不满与不幸。常怀感恩之心,主动感恩,我们就可以收获生命中更多的美好!

第十章　主动提升，超越平凡的自己

古语有言“学如逆水行舟，不进则退”，工作也是一样，职场没有永远的“红人”，只有不断学习，不断进取，主动提升自己的人，才能永立不败，并且不断超越别人，也超越自己。

1. 心怀远大，绝不安于现状

具有主动积极精神的员工，不仅主动奋斗，主动服从，主动负责，主动付出，主动奉献，主动合作，主动竞争，主动思考，主动节约，主动感恩，主动做好一切工作，主动为企业谋利，为企业着想。但同时，也绝不会忘记为自己的前途，为自己的未来积极进取，不断超越，不断成功，直达最高的峰顶。

所以，积极主动的员工不管从事什么工作，都不会轻率疏忽，满足现状；相反，他会在工作中以最高标准要求自己，能做到最好，就必须做到最好。永远不会说“我做得够好了”，而是永远高要求高标准地促使自己不断向前。

进取是一种处世的态度，更是前行的动力。它让我们永不满足，永不安于现状，永远拼搏，永远奋斗，从而激发出自己身上蕴涵的无限潜能，从一直向着成功前进。

彼得现在是一家公司的老板，以前他只是一个普通的推销员。他发奋工作的原因是他在一本书上看到的一句话：每个人都拥有超出自己想象 10 倍以上的力量，没有够好，只有更好。在这句话的激励之下，他反省自己的工作方式和态度，发现自己错过了许多可以和客户成交的机会。于是，他制订了严格的工作计划，每一天都按计划去做。3 个月后，他回过头看看自己的工作进展，发现业绩已经增加了 2 倍。数年以后，他已经拥有了自己的公司，在更大的舞台上验证着这句话。

事实上，整个世界都是竞技场，每一个人从出生那天起，就投入到比赛中了。比学习成绩，比工作成果，比事业成就，比家庭幸福……成功的人，总是那些不安于现状的人。

在社会这个大竞技场上，无论你是什么角色，工人、农民、教师、老板、公务员、学生……你都必须参与竞争。任何人都不能说“我与世无争，你们比赛去吧”。但是你放弃比赛资格，不等于就能够安安稳稳地生活，因为你不争，并不等于别人不争。所以，既然必须参与竞争，那何不勇敢地竞争呢？

要知道，世界上永远没有固定不变的“现状”，正如《沉入海底的家园》告诉我们的那样：你以为可以长久存在的美丽岛屿，终有沉入海底的那一天。

李洋曾经在一家合资企业担任首席财务官。在成为首席财务官之前，他工作非常努力，并做出了出色的成绩。老板非常赏识他，第一年就把他提拔为财务部经理，第二年又提拔他为首席财务官。

当上首席财务官以后，拿着高薪，开着公司配备的专车，住着公司购买的华宅，李洋的生活品质得到了很大的提升。然而，他的工作热情却一落千丈，他把更多的精力放在了享乐上面。

当朋友问他还有什么追求时，他说：“我应该满足了，在这家公司里，我已经到达自己能够到达的顶点了。”李洋认为公司的CEO是董事长的侄子，自己做CEO是不可能的，能够做到首席财务官就到达顶点了。

他在首席财务官的位置上坐了差不多1年的时间，却没有干出值得一提的业绩。朋友善意地提醒他：“应该上进一点了，没有业绩是危险的。”

没想到，李洋竟然说：“我是公司的功臣，而且这家公司离不了我李洋，老板不会把我怎么样的！”

他甚至在心里对自己说，高薪永远属于我，车子永远属于我，房子永远属于我，没有人可以夺去，因为没有人可以替代我。

的确，公司很多工作都离不开李洋。然而，他的糟糕表现，还是让老板动了换人的念头。终于，在一个清晨，李洋开着车，和往日一样来到公司，优越感十足地迈着方步踱进办公室里，第一眼看到的却是一份辞退通知书。

被辞退了，高薪没了，车子不得不还给公司。而且，他还从舒适的房子里搬了出来，不得不去租一间小得可怜、上厕所都不方便的小套间。

李洋以为自己不可替代，事实上，现在这个社会最不缺的就是人才。就在他被辞退的当天，公司就又招聘了一位首席财务官。

"功臣"依然失业了。李洋不思进取而失去优越的"现状"，是不值得同情的。这个故事告诉我们，安于现状的人最终面临的只有被淘汰。无论是什么职位，如果你安于现状的话，都逃不了职位被人抢走，或者"铁饭碗、金饭碗"被打破的可能。

在很多企业里，"功臣"都因为安于现状而失败。这些"功臣"们在失败到来时，常常埋怨老板"不念旧情、忘记过去"，却没有想过，自己虽然昨天是"功臣"，可今天已经成了浪费企业资源的罪人了。

只有那些永远进取，永远不满足于现状的人才能永远进步，永远立于最高的潮头，永远不会被淘汰，被抛弃。所以，只有心怀远大，永远不安于现状，永远不断超越，你才会有更大的发展。

2. 提升能力，让自己不可替代

素质和能力的高低决定着个人的生存和发展，素质越高，成就越大，能力越强，晋升越快，这是一个不容置疑的公理。所以，一个积极进取的员工，任何时候都在提升自己的素质和能力，让自己不断进步，不断提高，让自己不可替代，才能让自己不断超越，不断进步。

第一，要提升自己的适应能力。现代企业在市场竞争中会遇到很多不可预测的摩擦和阻力，因此企业希望员工不仅能够从容地适应环境，应对环境变迁带来的心理冲击，而且还必须能够在这种不断变化的环境中保持旺盛的精力，高效率地完成工作。同时，员工也只有主动去适应这瞬息万变的时代，才能更有利于自己的发展。适应能力对于现代员工而言，举足轻重。

一家世界500强之一的美国公司在选择北京办事处负责人时，通对一个很小的细节考察了应聘者的环境适应能力。当时，共有7名应聘者，其中只有一位是女士。考官故意把应聘者的位置安排在空调下，而且将其功率开得很大。结果，6位男士都无法忍受长达两小时的面试，只有这位女士坚持到了最后。当面试结束时，这位主考官对这位女士说："由于公司刚在北京成立办事处，属于万事开头难的阶段，所以只有能够适应环境，敢于接受挑战并且能够以愉快的心情去面对压力的人才会被我们录用，欢迎你加入到我们公司中来。"

"适者生存"是大自然的基本法则，也是职场生存的基本法则，因为我们只有适应工作及工作环境，才能在公司和职场上立足。不能适应，连生存都会很困难，更别说做出成绩了。

心理学家哈博特·赛蒙有一次在沙滩边观察蚂蚁时发现：为了适应地形，沙滩蚂蚁的巢穴相当复杂。经过研究和观察，他发现尽管是同一种蚂蚁，如果它的巢穴在干燥的地方，巢穴的结构就比较简单。这是为什么呢？

哈博特·赛蒙认为，这是因为蚂蚁对周围的环境有一种本能的反应能力。为了在不同的环境中生存，蚂蚁必须发展不同的能力。这种适应能力使得蚂蚁在恶劣的环境中得以生存。

的确，想要成功，必须懂得变通适应，不能故步自封一成不变，就像一艘航行在大海的船只，如果想要行驶到达目的地，必须懂得如何见风转舵一样。其实，走在职场也是相同的道理，也就是说如果想要早点成功，除了坚持到底之外，最重要的是必须在该转舵和变通的时候，千万不能食古不化，固执己见，否则只会让自己离成功的目标越来越远。

第二，要努力提升自己的竞争能力。竞争能力就是竞争素质，反映在能力上。它通常包括统驭能力、专业能力、创新能力、处事能力、应对困难和挫折的能力，等等。竞争的法则和结果都是优胜劣汰。虽然现代的竞争已不像古代战争那样要斗个你死我活，但失败者还是要被淘汰出局的。

有个人在高山悬崖的鹰巢中看到一只幼鹰，他把幼鹰带回家，养在鸡笼中。这只幼鹰和鸡一起啄食、嬉闹和休息，它以为自己是一只鸡。这只鹰渐渐长大，羽翼已丰，主人想把它训练成猎鹰，可是由于终日与鸡混在一起，也不用自己找食物，它根本没有飞的愿望，也从来没想过要飞，更没有训练过飞的能力。主人试了很多办法，毫无效果，最后只好把它又带回到它的出生地，希望它的父母能教它学会飞。

父母有了新的小鹰，虽然很小，但却比它强多了，这只可怜的大鹰只好每天混在小鹰群里，向它们学飞，它却心灰意冷，因为要和小鹰争食，可它却没有任何能力能抢到食物，最终只能饿死了。

没有能力，不适应竞争，任何人也帮不了你。那么作为一名员工如何才能在竞争中取胜呢？这就要求我们必须具备竞争能力。

在这个社会里，每个人每天都要面对着很多的竞争，承受着很多压力，想在竞争中生存，你就得有一种比别人更强烈的竞争意识和竞争能力，能够承受着更大压力。这样才可能有机会保命，才可能有机会出击……所以提升竞争能力，也是职场取胜的关键。

竞争能力是我们在职场站稳脚跟的基本能力，没有竞争能力，是无法适应现代职场的。竞争就有胜负，竞争就有淘汰，只有拥有了足够的竞争能力，才能永立于不败之地，笑傲职场。

第三，要努力提升自己的重要性。多劳多得固然是一个放之四海而皆准的公理，但在现代职场，薪水发放的原则是“重要性”，而不是“劳动量”，也就是说，一个人越是重要，越是不可替代，他的收入就越高，而不是“谁辛苦，谁收入高”。

举一个银行职员的事例来说明这一点：

一位市区银行的柜台人员的月收入是2000元，她心里有些不平衡，因为她每天工作的时间并不短，付出的辛苦并不少，可是收入却不如一些营销人员，更比不上行长。她想不通：“凭什么？我付出这么多劳动，收入却不如他们？”

她的一位长辈说：“你觉得自己努力工作，劳动量不少，收入却不多，是不是？那么，你看看建筑工地上的那些建筑工人，他们一整天都在出大力流大汗，他们的劳动量是你的两倍，而收入却是你的一半，只有不到1000元。你知道为什么？因为，在马路上见到100个人，他们当中可能有八九十个人可以替换那个建筑工人，他们的可替代性太强，所以收入不高。

“可是，在马路上见到100个人，可能只有50人能够替代你的工作。当个收银员也不容易，要懂得财务知识，还要会记账，要能够识别真假币……你重要，不容易被替换，所以，你的劳动量是建筑工人的一半，收入却是他们的两倍。

“你再看，建筑工地上有一位戴眼镜的白面小生，拿个图纸，这里转转，那里晃晃，劳动量仅是那些出力流汗的工人的1/4，可是，他的收入却是工人的4倍。为什么？因为，在马路上见到100个人，只有一两个人能替换他，他是工程师，他有知识、懂技术。

“那么，为什么银行行长的收入是你的数倍以上？道理太简单了，在马路上遇到1000个甚至1万个人当中，可能只有一个人能替代你们的行长，他重要，当然收入高。如果你能做到在银行系统里，数万人当中只有一个人能替代你，我保证你收入高。”

西班牙著名的智者巴尔塔沙在其《智慧书》中告诫人们：“在生活和工

作中要不断完善自己,使自己变得不可替代,让别人离了你就无法正常运转,这样你的地位就会大大提高。”

2001 年,法国著名的足球运动员齐达内,以当时世界足坛转会费的最高价 6500 万美元加盟皇家马德里队。为什么皇马肯为他开出 6500 万美元的天价?因为他在球场上很重要,他是不可替代的!中场组织、传切配合、临门一脚……多项技术都是一流的,他的收入当然高了。

当年美国 NBA 运动员乔丹收入颇高,也是因为他很重要,不可替代。同样是打篮球,同样的出力流汗,那些普通运动员与明星运动员的收入差别可大了。

所以,提升自己的能力,提高自己的竞争力,提升自己的重要性,让自己不可替代,一个积极主动的员工时时刻刻都会让自己进取、奋斗、提升和超越。

3. 追求完美,不放过任何细节

一个异常优秀的人,他们不仅会做别人要求他们做的,而且往往能够超乎人们的期望,不断追求卓越,把事情做得尽善尽美。

中国道家创始人老子有句名言:“天下大事必作于细,天下难事必作于易。”意思是作大事必须从小事开始,天下的难事必定从容易的作起。海尔总裁张瑞敏说过,**把简单的事做好就是不简单。**

伟大来自于平凡,其实我们每天做的事情,就是每天重复着所谓平凡的小事。再宏伟、英明的战略,没有严格、认真的细节执行,也难以成为现实。“泰山不拒细壤,故能成其高;江海不择细流,故能就其深。”所以,大礼不辞小让,细节决定成败。

美国国务卿鲍威尔的出身、学历和仪表都很平凡,没有出类拔萃的地方,但在国内却倍受美国民众推崇,成就了一番显赫事业，探究其源头，与他本人注意细节的行事风格也不无关系。成功的领袖或管理大师多半认为：大礼不辞小让，大行不顾细谨。身为领导人眼光要远、注意大事、少管细节。但是鲍尔却要求领导人一定要注意细节，并充分掌握信息的进出。他在担任参谋首长联席会议主席时，美国国内的鹰派多次想发动战争，都因为他能够提出详实而精确的伤亡数字和代价而作罢。他认为如果能掌握细节，就会做出截然不同的决定。他要求主管一定要清楚部门的状况，并安排掌握这些信息的管理，他认为领导人若消息灵通就可以事前化解致命的伤害，所以他才能得到民众的尊重，成就自己的人生。

做企业更要注重细节，要不然藏在细节中的魔鬼就一定会出来作祟。所以成功的企业都非常注重细节的管理。

麦当劳的总裁弗雷德·特纳把麦当劳战胜竞争者归功于细节，他曾说："我们的成功表明，我们的竞争者的管理层对下层的介入未能坚持下去，他们缺乏对细节的深层关注。"

公司创办者雷·克劳克说："我认为在公司管理上，少即是好。由于麦当劳的规模，今天的麦当劳是我所知道的最没有结构的公司，因此我强调细节的重要性。如果你要把整件事做好，你必须做好你业务中的每个基础环节。"

为了贯穿这一思想，麦当劳始终不断地把各种管理流程细节化，这种方式需要麦当劳的员工付出大量的学习时间和工作强度。举个例子来说，一位麦当劳的员工曾表示："我刚去麦当劳时，他们给我一顶小白帽子，让我从最简单的工作做起——炸薯条，然后让我去做奶昔，就这样一直做到烤圆面包和牛肉饼。我们休息只能在一间小屋子里待着——而且此时也不放过培训——里面有一台电视和一台录像机，不停地放着强调麦当劳做事方式的宣传片——如何更好地做一个汉堡、如何保持薯条松脆,诸如此类。"

为了把细节做到更完美,麦当劳有一个创举式的方法,它费尽心机编写了《麦当劳手册》,这本书是他们把细节管理做到极致的体现。

这本书包含了麦当劳所有服务的每个过程和细节,例如"一定要转动汉堡包,而不要翻动汉堡包",或者"如果巨无霸做好后10分钟内没有人买,法国薯条做好7分钟后没人买就一定要扔掉。""收款员一定要与顾客保持眼神的交流并保持微笑"等等,甚至详细规定了卖奶昔的时候应该怎样拿杯子、开关机器、装奶昔直到卖出的所有程序步骤,麦当劳现在还在不断地改进和增加这本书的内容,麦当劳的每一家连锁店都要严格按照这本书操作。正是这本书的推行,使麦当劳的所有员工都能够各司其职、有章可循地工作,即使是新手,也能借助这本书迅速学习和操作,保证任何人都能在短时间内驾轻就熟,胜任岗位,实现了"谁都会做、谁都能做"。

如此的关注细节,如此的规范细节,正是这种对细节的关注程度,使得麦当劳的特许连锁经营方式迅速发展起来。麦当劳的连锁经营有四个特点:标准化、单纯化、统一化、专业化。标准化要求连锁店在店名、店貌、设备、商品、服务等方面,完全符合总部制定的规则,达到麦当劳所认证合格的水准。单纯化要求连锁店各个岗位、各个工序、各个环节运作时,尽可能做到简单化、模式化、从而减少人为因素对日常经营的影响。统一化要求连锁店在经营过程中,将广告宣传、信息收集、员工培训、管理经营方针等做到协调一致,整齐划一。专业化要求连锁店将决策、采购、配送、销售等环节统统细化,不同职能截然分开。这四个方面其实都是细节,因为只要贯彻其中任何一个思想,中间都有无数的细节需要被严格执行。

最大限度地追求完美服务，关注经营过程中的每一项细节，这是麦当劳正在做、还将永远做的。可以说细节是麦当劳管理思想的精髓。

作为一个积极主动、奋发进取的员工，更需要不放过每一个细节，只有把细节做到位，才能把工作做到完美。要做一个完美的员工，不在细节上下工夫，不追求细节上的完美，那是绝对不会成功的。

查尔斯先生在纽约一家大银行供职。他奉命写一篇有关某公司的机密报告。他只知道有一家工业公司的董事长拥有他需要的资料。查尔斯便去拜访这位董事长。希望这位董事长能为他提供一些帮助。

当他走进办公室时，一位女秘书从另一扇门中探出头来对董事长说，今天没有什么邮票。“我替儿子收集邮票。”董事长对查尔斯解释。那次谈话没有结果，董事长不愿意提供任何资料。查尔斯回来后感到十分沮丧。然而幸运的是，他记住了那位女秘书和董事长所说的话。

第二天他又去了，要送给董事长的儿子一些邮票。董事长高兴极了，用查尔斯的原话说：“即使竞选国会委员也没有这样热诚！他紧握我的手，满脸笑容。‘噢，乔治一定喜欢这张。瞧这张，乔治准把它当作无价之宝！’董事长连连赞叹，一面抚弄着那些邮票。整整一个小时，我们谈论着邮票。奇迹出现了：没等我提醒他，他就把我需要的资料全都告诉了我。不仅如此，他还打电话找人来，把一些事实、数据、报告、信件全部提供给我。”查尔斯满载而归。

你看，有时候细节的力量真是不可小觑。查尔斯不过是抓住了一个“董事长为儿子收集邮票”的细节，并围绕着这个细节作文章，轻而易举就达到了自己的目的。所以，不要忽视细节，更不要瞧不起小事。许多大事的成功都是因为关键的小事，而许多大事的失败恰恰就是毁于细节。所以，一个积极主动的员工一定要意识到细节的威力，认识到小事的重要，从而关注小事,不放过任何细节,才能把事情做到完美,让自己的事业和人生也更加精彩。

4.主动学习,不断进步

要想不断进步,不断超越自己,最好的方法就是学习,进步就是一个人向着正确的、更高级的方向前进的步伐,每一步都代表了一定意义上的成功和收获。而要有进步就要能学习,选择学习就是选择进步,因为只有学习才是进步的唯一路途,这对每一个人或一位员工都适用。

不虚心学习或是不认真学习,都是不可能有所成就的——哪怕你以前有多么大的本事,如果停止学习,也就不可能有新的进步,中国有句古话"学如逆水行舟,不进则退"。知识是需要不断更新不断巩固和加强的,如果不学习,一定会如逆水之舟,只有后退,没有进步,这是我们从小就懂的道理。如果不学习,不仅不可能有进步,就算你以前的知识再深厚,也免不了会落伍,会被淘汰。

好好学习是进步的必要前提,不管天赋多高的人不学习也等同于白痴,只要好好学习,资质平平的人也能有大作为。

曾国藩是中国历史上最有影响的人物之一,他之所以能有如此成就,就与他爱学习有很大关系。曾国藩小时候是个很笨的人,据说有一天他在家读书,有一篇文章不知道被他重复朗读多少遍了,却仍没能背下来。而这时家里来了一个贼,潜伏在他的屋檐下,希望能在曾国藩睡觉之后捞点好处,可是这贼等啊等,就是不见他睡觉,只是翻来覆去地读那篇文章。这贼光听都听会了,终于等不下去了,大怒着跳出来说:"你笨到这种地步,还读什么书?"然后将那文章给曾国藩背诵了一遍,气呼呼地走了。但曾国藩并没有因自己笨而气馁,相反他相信通过学习完全可以提升自己,为此他非常勤奋地学习,就这样一点点地进步着，后来终于成为清朝的重臣。

可见不能以天赋论高低，而应该以能否更好、更多地学习论高低。唯有学习才能使人进步，即使你天资愚笨，只要你肯学习、善于学习，你也最终能成为天才。

生活中如此，职场中更是如此。一个不会学习的人永远不会是一个成功的人。其实，在职场上真正经得起风雨的人，是永远不满足于现状，不断学习的人，不断进步的人。

陈明和李阳住在同一村子，他们都很聪明，可由于出身贫穷，都初中还没毕业就辍学打工去了。由于他们能吃苦，不久，他俩就在一个制陶厂找到了工作，但待遇不算好，做的也是最粗最累的活儿。

没过多久，陈明对李阳说：他想继续学习，报了夜校想学一点工商管理的知识。

李阳并没有表示什么，只是点了头笑了笑，陈明想这其中多少有不屑的成分，但从那天开始，他开始一边学习工厂的技术，一边读夜校学习工商管理知识。

没过多久，工厂就因为偷窃行为把一名处于关键岗位的技术人员开除了，当车间主任苦于找不到替代的相关人员时，陈明及时向班长做了毛遂自荐，陈明也很自然地得到了他想要的那份工作。

成为技术工人之后，陈明感觉自己已经找到改变前途的机会，工作更加卖力，学习也更加刻苦了，他通过所学的知识经常向自己的车间主任提出自己的意见，这一切老板都看在眼里，记在心上。

在这家工厂工作的第三年，陈明的上司车间主任从自己的位置上退休了，陈明很顺利地得到了车间主任的职位，而这时，李阳还只是一个最初级的工人，在车间干着最苦最累的工作。

当今世界，知识老化的速度和世界变化的速度一样快，社会科技发展可谓是日新月异，知识总量的翻番周期已从过去的100年、50年、20年缩短到5年、3年，甚至一年、半年。如果不虚心学习新的知识和方法，即使你原来的专业知识很扎实，也一样会被进步的潮流所淘汰，所以要活到老，学到老，生命不息，学习不止。

2005年，81岁高龄、著作等身、家财数亿的武侠小说巨擘、著名作家和学者、有无数荣誉博士和教授头衔的金庸先生，要到剑桥去读书拿学位。

消息一出，举世皆惊。海内外对于金庸去剑桥读博士，众说纷纭，见仁见智，有人说，金庸是在作秀。金庸先生倒也实在，他说，我本来是在中国的浙江大学做教授，但我对学生们说，我没本事做你们的老师，不过年纪大些，做你们的大师兄好了。有人也亲自问金庸先生，说您既然刚刚获得了剑桥大学的荣誉博士学位，这已经是剑桥最高级的学位了，又何必花钱费力，去读剑桥的这个普通博士学位呢？

金庸先生说，之所以要到剑桥去读书，是服膺于已故中国学人陈寅恪先生的一句话“不求学位，只求学问”。因为中国近代大史学家如王国维、陈寅恪、钱穆等诸位先生，都是博古通今、学贯诸门的大学者。但他们并没有什么博士、硕士的头衔。他说自己的“荣誉教授”、“荣誉博士”、“荣誉院士”等荣衔已经太多了，学位只是一个虚衔。他感到学问不够，简直与这些荣衔极不相称，实在是“名不符实”，所以决意要到剑桥去读书。

金庸先生专门提到，大多数人，尤其是年轻人和小朋友们，只要一提到金庸，就佩服我学识渊博，无所不知，其实我自己“无所不知”是假的，我是“只写所知，不知不写”，“非知不可，快去查书”。他还说，我姓查，笔名金庸，我要自己把握住这个“查”字，多用功读书，化去这个“庸”字。

金庸到剑桥学习努力，认真专注，并在2006年12月完成硕士论文《初唐皇位继承制度》(The imperial succession in early Tang China)；2008年，金庸再到剑桥申请攻读博士，小他15岁的教授麦大维(David McMullen)就是他的指导老师。

2010年7月，通过5年的认真学习和研究，金庸完成了博士论文《唐代盛世继承皇位制度》，深获指导老师麦大维的高度赞赏，“没有学者对此作过如此深入的研究”。因此，麦大维决定在7月颁授博士学位给金庸，86岁的金庸终于从英国剑桥拿到了货真价实的剑桥哲学博士学位。

金庸这种孜孜不倦的求学精神感动了很多人，金庸成为“活到老、学到老”最经典的榜样，也成为终身学习的绝佳典范。金庸先生“学然后知不足，知不足然后学”的求学理念，重学问不重虚名的学习思想，生命不息、学习不止的学习精神，都是值得我们反省、值得我们学习的。

有很多人以为，学习仅仅是青少年时代的事情，自己既已是成年人，并且早已走向社会，就毫无必要再进行学习，除非是为了取得文凭，这种思想其实是错误的。

哈佛大学的一位专家指出：“这种看法乍一看，似乎很有道理，其实是不对的。在学校里自然要学习，难道走出校门就不必再学了吗？工作中、生活中所需要的相当多的知识和技能，课本上都没有，老师也没有教给我们，这些东西完全要靠我们在实践中边学边摸索。可以说，如果我们不继续学习，我们就无法取得生活和工作需要的知识，无法使自己适应急速变化的时代，我们不仅不能搞好本职工作，反而有被时代淘汰的危险。”

科学技术飞速发展的今天，我们只有以更大的热忱，如饥似渴地学习、学习、再学习，还要会学习、善于学习、学以致用，才能使自己丰富和深刻起来，才能不断地提高自己的整体素质，以便更好地投身到工作中去，在工作中取得成绩，促进自己的进步，收获自己的成功。

凯特是电子通讯刚刚兴起时的名人，在他20岁的时候，竟然出了一本20万字的《电子通讯故障排除大全》，此书的出版在市场上引起不错的反应。虽然人们对他有不少的争议，但他通过大量的实践与知识积累，广泛收集相关资料，并尽可能地深入学习，这种做法值得我们学习。其实，凯特所做的事情，绝大多数人也可以做到。

工作中的很多知识其实都是相通的，关键你能不能找到一个点，然后让这个点成为知识相互贯穿的中心。学习是进步的基础，但真正促使你进步的是学习之后的应用。只学不用，那是死知识，不会让我们的工作有成绩，更不会促进我们的进步，只有把学习的知识灵活地运用到工作中去，才能真正取得进步。

在美国，曾有一家报纸以《一个针孔价值100万美元》为大标题，突出报道了这样一件事：

美国制糖公司海运方糖到南美，因途中受潮，损失不小。请专家研究解决办法，虽然耗资可观，但始终没有收获。这时，公司一个工人经过认真考察，发现轮船有通风设备，只是方糖包裹得紧紧的，密不透风。他试探性地在一些包装盒上打了几个针孔，让两头通气，这些方糖就不再潮湿。工人将他的主意交给老板，因此获得100万美元的奖励。

一个日本人读了这一报道后，也对针孔产生了兴趣。他试着在打火机的火芯盖上钉了小孔，结果，使原本灌一次油只能用10天的打火机有效地延长到了50天。很快，他申请了专利，并投产了改进后的打火机。

后来，这位日本人发散自己的思维，在女性用的纽扣上打个小洞，并注入香水，因为液体易进不易出，从而让香气微微散发，丝丝飘飞，长期芳香诱人。这种新纽扣一经投产即博得女性的喜欢，因此订单很快就如雪片般飞来。

美国工人以针孔解决方糖潮湿问题，依据的仅仅是初级的物理知识，但实用性却很强，获巨奖则是理所当然的。而日本人却能够善于从中学习，找到解决难题的方法，并运用到自己的生活中来，取得了巨大的效益。

虽然许多人读了美国的这则报道都眼馋大把美元，但最终对针孔的原理无动于衷。而这位日本人却能从中领悟到制胜的原理，通过将针孔原理与自己所关注的打火机、小纽扣联系起来，使自己进入创意的天地。

尽管方糖与打火机、纽扣风马牛不相及，但在这位善于学习、并善于运用的日本人的手中，却让自己取得了巨大的成功。所以，会学习还要会运用，才算是真正的会学习，也才能真正通过学习促进我们的进步。

学习是一种态度，更是一种文化；是一种方法，更是一种哲学。一个善于学习的民族才能不断超越，强大富有；一个善于学习的企业才能做大、做强、做久；一个善于学习的人才能不断进步，职业常青。

5. 永不停下进取的脚步，超越平凡的自己

伟大的成就通常是一些平凡的人们经过自己的不断努力而取得的，他们再有多大的成就，也从不停下自己进取的脚步，他们每天都要求自己进步一点点，日积月累就前进一大步。对那些主动进取，不断提升自己、勇于开拓的人而言，生活总会给他提供足够的机会和不断进步的空间。那些最能持之以恒、忘我工作、每天都能多付出一点的人，往往就是最成功的人。

芭芭拉·史翠珊在演艺事业达到巅峰之际，却突然决定制作以及执导一部电影。

“你怎么会想到要这么做？”她身边的朋友都很不解。

“我并不是为成名或是发财而制作这部电影，”芭芭拉·史翠珊说，“我已经名利双收了，我之所以制作这部电影，是因为有

天晚上我梦到自己死了，上帝把我生前真正具有的潜能展示在我面前，并且告诉我有些事情其实可以做，但是却因为自己太过胆怯而没有动手。那时候我就下定决心，就算这部电影会耗费我所有的积蓄，我也要放手去做。”

芭芭拉·史翠珊决定超越自我，以此来走向新的、更大的成功。

在她看来，成功没有终点。终生成功的人会在突破短期目标的“终点”后，继续追求新的挑战以及更大的满足，并且将此融入生活中。

令人惊叹的事实是，芭芭拉成功了，她成功地超越了自己已经拥有的巨大成就，再一次证明了自己的能力。芭芭拉·史翠珊的例子就是告诉我们，永不停止进取的脚步，就能不断超越自己！

奥林匹克运动有一句著名的格言：更快、更高、更强。顾拜旦的好友迪东在学校举行的一次户外运动会上，鼓励学生说：在这里，你们的口号是：更快、更高、更强。后来，顾拜旦将这句话用于奥林匹克运动。1920年，国际奥委会将其正式确定为奥林匹克格言。

奥林匹克格言充分表达了奥林匹克运动倡导的不断进取、永不满足的奋斗精神。虽然只有短短的3个单词，但其含义却非常丰富，它不仅表示在竞技运动中要不畏强手，敢于斗争，敢于胜利，而且鼓励我们在自己的生活和工作中要不甘于平庸，要朝气蓬勃，永远进取，超越自我，超越人生的极限。

一届又一届奥运会，一代又一代奥运健儿，就是秉持这样的理念，一次又一次地向人类的极限进发，一次又一次不断超越，把更高、更快、更强的奥运理念发挥得淋漓尽致。而且还把这种精神贯注到了更多的地方，不断超越，不断进取，取得了更多更大的辉煌成就。

邓亚萍就是这样一位从奥林匹克运动会中走出来的不断超越永远进取的典范。

邓亚萍是我国最著名的运动员之一，邓亚萍5岁起跟父亲学打乒乓球，1983年进入河南省乒乓球队，1987年进入国家乒乓球队。她打球以快速凶狠、作风顽强著称，国际奥委会前主席萨马兰奇曾称邓亚萍“代表着运动员的风貌”。在她的运动生涯中，一共获得过18个世界冠军，世界排名连续8年保持第一，是排名世界第一时间最长的女运动员。她曾经连续两届(1992年巴塞罗那奥运会、1996年亚特兰大奥运会)4次获得奥运会冠军，被誉为“乒乓皇后”，是世界上最著名的运动员之一。

她因为身高只有1米5，曾经被省队和国家队都拒绝过，她父亲就对她说：“你个子矮，就必须把球打得快，这样才有进攻性；你个子矮，别人跑一步，你就要跑两步，所以你一定要跑得快。”

因为她要克服个子矮的弱点，所以在训练时，她比任何人都要付出多两倍的努力，每天要换几次衣服，晚上趁别人睡下时，还要再悄悄躲进训练房苦练，有时甚至练到晕倒为止。

邓亚萍说：“我打球打赢了还不一定能进国家队，更别说输了。所以我打球很凶狠，那是逼出来的。”

她的先天条件不好，但她没有屈服，而是近乎疯狂地去克服自己的缺陷。当别人休息时，她在练习；当别人疑惑时，她永远坚信；当别人放弃时，她一直坚持……就因为她身上的这股狠劲，不仅克服了短处，把短处变得更狠，最终把短处变成长处！

邓亚萍说：“我不比别人聪明，但我能管住自己。我从小就形成了一旦设定目标，就绝不轻易放弃的习惯。而且不断给自己设定新的目标。也许，这就是我能赢得成功的原因。”

但是，如果仅仅把她看作一名取得了辉煌成绩的运动员，仅仅以一名运动员来看待她，那就大错特错了，因为她从来没有停下过进取的脚步，永远在超越，超越别人，超越自己，更超越平凡，她创造了一个又一个的奇迹，她永远站在最高的地方，并且还在不断地向上张望，向上攀登。

1997年退役后，她先后到清华大学、诺丁汉大学和英国剑桥大学进修学习，并获得英语专业学士学位和中国当代研究专业的硕士学位；

2002年邓亚萍在国际奥委会道德委员会以及运动和环境委员会两个委员会担任职务；

2003年，邓亚萍成为北京奥组委市场开发部的一名工作人员；

2008年11月29日，邓亚萍将英国剑桥大学的经济学博士学位收入囊中，在剑桥大学近800年的历史中，这是第一次有像邓亚萍这种量级的世界顶尖运动员拿到博士学位；

2009年4月16日，邓亚萍正式就任共青团北京市委副书记；

2010年10月，她将出任人民搜索网的CEO!

她的成绩令世人瞩目，但她不断超越自己的过程更令所有的人动容。她身上所爆发出来的那种进取的力量，更是让无数无数的人为之震惊。

邓亚萍退役后，开始到奥委会工作时，连写26个英文字母都难，初到英国剑桥大学上课时，听老师讲课像听天书，但她一字不漏地听、一字不漏地记，回到宿舍，再一字不漏地翻字典，一字不漏地硬啃硬记，每天5点准时起床，读音标、背单词、练听力，晚上整理笔记，直到深夜12点休息。邓亚萍用打乒乓球的心态，来享受练英语的苦，享受疲累，享受困乏，享受孤独，取消朋友聚会，取消社会活动，每天疯狂跟着复读机大声喊英语。

邓亚萍说："如果学英语后，却没有办法跟别人交流，一切都是零。所以，我特别舍得下工夫。而我学英语的经验是——胆子要大，敢讲，不怕出丑，也不怕说错。因为英语不是我们的母语，说错和不标准是非常正常的。”

由于她每天坚持14个小时的学习，百分之百疯狂投入的学习，完全达到了忘我、忘物、忘时，排除一切杂念地疯狂苦读，以苦为乐、以苦为甜，结果苦尽甘来！一位当初只有小学学历的邓亚萍，在中国向国际奥委会争办2008奥运会时，代表中国的运动员，用流利的英语发言，既向世人展示了自己，又赢得了国际奥委会委员们对中国的好感！

邓亚萍说：“一个运动员成功的条件是——付出＋天赋＋好的环境。”她把体育精神用到读书学英语上，也形成了一个读书成功的公式：付出＋看不懂就多看几遍的意志力。

一桶新鲜的水，如果放着不用，不久就会变臭；一个不思进取的人再优秀的才华，也会在懒散中蹉跎。只有积极主动，永远进取的人，每天在工作之中都要求自己有所改变、有所进步，他们永远也不会停下自己进取的脚步，最终登上成功的最高峰顶的一定是他们。

附　录

测试：你的工作主动吗？

你在工作中，是否有主动性？是属于积极型还是被动型？不妨按以下测试题对自己测评一下，然后，给自己下个结论。属于积极型的，继续努力；属于被动型的，就调整自己，抛弃消极和被动，从现在起，开始改变自己，也必然改变未来。

一、测评目标：工作主动性

二、测评说明：每题有三个答案，根据自己的实际情况，选择自己的答案

1. 在工作中你愿意：

A 与别人合作

B 说不准

C 自己单独进行

2. 在接受困难任务时：

A 有独立完成的信心

B 拿不准

C 希望有别人的帮助和指导

3. 希望把你的家庭设计成：

A 有自己活动和娱乐的个人世界

B 与邻里朋友活动交往的空间

C 介于 A、B 之间

4. 解决问题借助于：

A 独立思考

B 与别人讨论

C 介于 A、B 之间

5. 在以前与异性朋友的交往：

A 较多

B 一般

C 比别人少

6. 在社团活动中，是不是积极分子？

A 是的

B 看兴趣

C 不是

7. 当别人指责你古怪不正常时：

A 非常生气

B 有些生气

C 我行我素

8. 到一个新城市找地址，一般是：

A 向别人问路

B 看地图

C 介于 A、B 之间

9. 在工作上，喜欢独自筹划或不愿别人干涉：

A 是的

B 不好说

C 喜欢与人共事

10. 你的学习多依赖于：

A 阅读书刊

B 参加集体讨论

C 介于 A、B 之间

三、测评标准

题号		1	2	3	4	5	6	7	8	9	10
得分	A	0	2	2	2	0	0	0	0	2	2
	B	1	1	0	0	1	1	1	2	1	0
	C	2	0	1	1	2	2	2	1	0	1

四、测评分析

15～20 分：自主性很强。自立自强，当机立断。

11～14 分：自主性一般。对某些问题常常拿不定主意。

0～10 分：自主性低。依赖、随群、附和。

五、根据测评结果，自己为自己制定一个工作目标，使自己能成为积极主动型，因为这是你事业成功的重要因素之一。

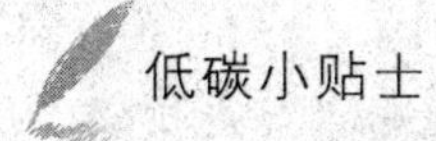

低碳小贴士

生活中的低碳常识

飞机飞行2000公里,相当于排放278千克二氧化碳;

一棵树每年可吸收18.3千克的二氧化碳,种一棵树可抵消发100度电所排放的二氧化碳;

少买一件衣服可以增加2.5千克二氧化碳的排放;

棉质衣服比化纤衣服排碳量少,多穿棉质衣服也是低碳生活的一部分;

每消费1千克牛肉,排放36.5千克二氧化碳,而果蔬所排放的二氧化碳量仅为该数值的1/9,建议多吃素;

低碳饮食还包括适量喝酒,如果每人每年少喝0.5千克酒,可减排二氧化碳1千克;

按人口需求,尽量选择小户型,适度装修,每少用1千克装修用钢材,可减排二氧化碳1.9千克,少用0.1立方米装修用木材,可减排二氧化碳64.3千克;

以11瓦节能灯代替60瓦白炽灯、每天照明4小时计算,1支节能灯1年可减排二氧化碳68.6千克,随手关灯减排二氧化碳4.7千克;

每台空调在26℃基础上调高1℃,每年可减排二氧化碳21千克;

少用1个塑料袋可以增加二氧化碳排放0.1克;

少用10%的一次性筷子,每年就能减碳10.3万吨;

少用电梯,正当运用电视、冰箱、电脑等电器,及时切断其电源;

单面纸要重复应用,能电子化办公的少用纸张;

少开车,选小排量车,每月少开一天,每车每年可减排二氧化碳98

千克；

假设出行选择公共交通工具或自行车，二氧化碳排放量将会更少；

排气量为1.3升的车每年减排二氧化碳647千克；

通过及时更换空气滤清器、坚持适宜胎压、及时熄火等措施，每辆车每年减排二氧化碳400千克。